99 Minutenmärchen

99 Minutenmärchen

Ausgesucht und neu erzählt
von Käthe Recheis und Friedl Hofbauer

Illustrationen von Hans Grohé

Herder
Wien · Freiburg · Basel

Literaturverzeichnis der Märchenstoffe

Altägyptische Märchen (E. Diderichs Verlag)   Hans Christian Andersen, Märchen   Peter Christian Asbjørnsen, Märchen   Rudolf Baumbach, Neue Märchen (Verlag Liebeskind AG Leipzig 1894)   Ulrich Benzel, Volkserzählungen aus dem nördlichen Böhmerwald   Chinas Völker erzählen (Peking)   Ella E. Clark, Indian Legends from the Northern Rockies (University of Oklahoma Press 1966)   Englische Volksmärchen (E. Diderichs Verlag)   Französische Märchen (E. Diderichs Verlag)   Griechische Volksmärchen (E. Diderichs Verlag)   Brüder Grimm, Kinder- und Hausmärchen   Friedrich Hetman, Indianermärchen aus Nordamerika Fischerbücherei 1970)   Indianermärchen aus den Kordilleren (E. Diderichs Verlag)   Joseph Jakobs, Englische Volksmärchen   Japanische Märchen (E. Diderichs Verlag)   M. Kosova/V. Stanovsky, Afrikanische Märchen (Verlag Werner Dausien)   Märchen aus Norwegen (E. Diderichs Verlag)   Seams O'Duilearga, Leabhar Sheain I Conaill (Dublin)   Laurens van der Post, The Heart of the Huntet (Hogarth Press)   Schottische Volksmärchen (E. Diderichs Verlag)   Lisa Tetzner, Märchen (Fischerbücherei 1958)   Ukrainische Volksmärchen (Verlag für Jugend und Volk)   Theodor Vernaleken, Österreichische Kinder- und Hausmärchen   Volksdichtung aus Indonesien – Sagen, Tierfabeln und Märchen (Martinus Nijhoff Haag)   Amabel Williams-Ellis, Dragons and Princes (Carousel Books)

© Herder & Co., Wien 1976
Alle Rechte vorbehalten/Printed in Austria
Schutzumschlag: Monika Laimgruber
Illustrationen: Hans Grohé
Druck: Ferdinand Berger & Söhne OHG, Horn, NÖ. 1976
Bestellnummer: 3-210-24527-4

Inhalt

Die Zitronenprinzessin	9
Es war einmal ein Fäustling	11
Eine ganz kurze Geschichte	14
Das zehnte kleine Hühnchen	15
Die sieben Raben	17
Häsleinbraut	20
Kleiner Jams	21
Baba Yaga Hexenkind	23
Einschlafmärchen	28
Der kleine Spatz	28
Das Mädchen im Gras	30
Robin-Rotkehlchen	32
Sturi-Muri	33
Schneewittchen	36
Füchslein Schlaukopf	41
Der zehnköpfige Drache	45
Die Stehaufmännchen	49
Rotferkelchen	52
Die goldene Gans	55
Der Zauberkrug	58
Das Kännchenmännchen	60
Das wunderbare Kätzchen	60
Die Bienenkönigin	61
Die Eule und das Rebhuhn	64
Die gescheite Braut	65
Hans auf der Bohnenranke	66
Die Geschichte vom langen und vom kurzen Namen	69

Sprach der Herr Dienstag	71
Das neue Röckchen	71
Das Klötzlein	73
Das kleine weiße Kamelfohlen	77
Bruder der Tiere	79
Die Sterntaler	81
Das Hirtenbüblein	82
Das Dreschermännchen	84
Das Weiblein mit dem goldenen Häublein	86
Der kleine Hirsch und die Krokodile	87
Sonne und Wind	89
Der Schneider und der Riese	90
Löwe und Maus	92
Zaubertopf und Zauberkugel	93
Das Waldhaus	96
Die drei Spinnerinnen	101
Der schlafende Hof	104
Die Steinkartoffeln	106
Hanfsäckchen	108
Die Mäusebraut	109
Wahr um ein Haar	111
Sieben Esel und noch einer	113
Rätselmärchen	114
Die Bremer Stadtmusikanten	115
Die furchtbar starke Mücke	119
Der furchtsame Drache	119
Katze Nimmersatt	124
Trippelmaus und Trappelmaus	127
Hans im Glück	129
Däumelinchen	134
Der Froschkönig	139
Mausekatze	142
Die wilden Hunde	143
König Wolf	145
Der arme Müllerbursch und das Kätzchen	149
Hänsel und Gretel	151

Das Struwwelmädchen	153
Die Königstochter, die nicht weinen konnte	156
Der alte Hund	158
Die grüne Insel	160
Das Zauberfaß	163
Die Prinzessin und der Schweinejunge	164
Das Eselein	167
Dornröschen	168
Kari Grashemd	173
Dünnling Langbein	177
Die alte Frau und die Räuber	180
Der Vogel Melk	182
Warum das Meer salzig ist	185
Eine Nadelgeschichte	188
Schlampenliese und Riesenmichel	189
ABC, die Katze lief im Schnee	192
Kater Graufell	193
Das Nußfräulein	198
Wer bekommt die Braut?	200
Verkehrte Welt	202
Der vertauschte Wanderer	202
Die Wette	203
Platsch, das Ungeheuer	204
Der kluge Esel	206
Der freundliche Weinstock	208
Die glückliche alte Frau	209
Der goldene Regen	212
Vom Jungen, der die Sonne fing	214
Die Spur im Grasland	215
Der Prinz und das Affenkind	220
Die Gänsehirtin am Brunnen	222
Die Schöne und das Tier	227
Das Sternmädchen	231
Jorinde und Joringel	232
Der kleine König mit den Eselsohren	235
Der goldene Schlüssel	239

Die Zitronenprinzessin

Ein König war alt geworden und hatte keinen Sohn und keine Tochter. In seinem Schloß lebte ein Junge, den nannten alle Aschenmichel, weil er in der Küche immer die Asche an dem Herd kehren mußte. Aschenmichel war immer fröhlich, und der König liebte ihn wie einen eigenen Sohn. Das ärgerte den Koch. Eines Tages sprach er zum König: „Aschenmichel hat gesagt, daß er dir die kleine Zitronenprinzessin aus dem verwunschenen Zauberschloß holen kann!"

Nun wünschte der König sich nichts so sehr als eine Tochter. Er rief Aschenmichel und befahl ihm, die Zitronenprinzessin aus dem verwunschenen Zauberschloß zu holen. Dann packte er ihm Brot und Speck in einen Rucksack, und Aschenmichel wanderte fort. Weil er aber nicht wußte, wo das verwunschene Zauberschloß lag, ging er einfach drauflos.

Nach einer Weile wurde er hungrig, setzte sich nieder und holte Brot und Speck aus dem Rucksack und begann zu essen. Da kam eine alte Frau und bat ihn um ein Stück Brot.

„Setz dich zu mir, Mütterchen", sagte Aschenmichel, „ich habe genug für uns beide."

Er teilte Brot und Speck mit der alten Frau.

Zum Dank gab sie ihm eine kleine Pfeife.

Aschenmichel wanderte weiter und blies auf der Pfeife. Als er dreimal hineingeblasen hatte, standen drei Zwerge vor ihm und riefen: „Was befiehlst du, Herr?"

Aschenmichel wunderte sich. „Ich bin nicht euer Herr", sagte er, „wenn ihr mir aber helfen wollt, ist es mir recht. Könnt ihr mir den Weg zum verwunschenen Zauberschloß zeigen?"

Da gingen die Zwerge vor ihm her und führten ihn über Berg und Tal zum verwunschenen Zauberschloß. Aschenmichel trat ein, und die Zwerge verschwanden.

Im Schloß war niemand. Aschenmichel ging treppauf und treppab und schaute in alle Zimmer, aber von der Zitronenprinzessin war nichts zu sehen. Zuletzt stieg Aschenmichel den Turm hinauf, dort fand er eine Zitrone.

Vielleicht bekomme ich unterwegs Durst, dachte Aschenmichel und steckte die Zitrone ein. Er war traurig, weil er dem alten König die Prinzessin nicht bringen konnte.

Aschenmichel ging aus dem Schloß und wanderte heimzu. Nach einer Weile wurde er durstig, nahm die Zitrone und biß hinein. In der Zitrone aber saß ein daumenkleines Mädchen, das sprang heraus und wuchs und wuchs und wurde größer und wurde das hübscheste kleine Mädchen, das man sich nur wünschen konnte. „Ich bin die Zitronenprinzessin aus dem verwunschenen Zauberschloß", sagte es.

Die Zitronenprinzessin hatte aber nicht einmal ein Hemd an. Aschenmichel zog seinen Rock aus und hängte ihn der Prinzessin um. Dann holte er seine Pfeife hervor und blies dreimal hinein, und da standen auch schon die drei Zwerge vor ihm. „Was befiehlst du, Herr?" riefen sie.

„Ein Kleid für die Zitronenprinzessin", sagte Aschenmichel.

Da liefen die Zwerge fort und brachten ein goldenes Kleid, das paßte der kleinen Prinzessin haargenau.

Und wieder gingen die Zwerge vor Aschenmichel her und führten ihn und die Zitronenprinzessin über Berg und Tal. Vor dem Schloß des alten Königs verschwanden sie.

Der König war glücklich und ließ ein großes Fest vorbereiten. Eine ganze Woche lang mußte der Koch in der Küche stehen und Torten backen, so groß wie Wagenräder.

Beim Festmahl saß Aschenmichel zur Linken des Königs, und die Zitronenprinzessin saß zur Rechten des Königs, und der steckte ihnen die allerfeinsten Bissen zu.

Es war einmal ein Fäustling

Ein alter Mann ging durch den Wald. Es war Winter, und überall lag Schnee. Der alte Mann ging durch den Winterwald, und hinter ihm drein lief sein kleiner Hund. Da verlor der alte Mann einen Fäustling, aber er merkte es nicht. Der kleine Hund merkte es auch nicht, er schnappte gerade nach einer Flocke Schnee, die vor seiner Nase herunterschwebte.

Der alte Mann und der kleine Hund gingen weiter durch den Winterwald, und der Fäustling blieb im Schnee liegen.

Eine Maus kam gelaufen, guckte den Fäustling an, der da im Schnee lag, und piepste: „Was ist denn das? Ein warmes Haus! Gerade recht für eine Maus!"

Und sie schlüpfte in den Fäustling.

Bald darauf kam ein Frosch. Er klopfte an den Fäustling und fragte: „Bitte sehr – wohnt da wer?"

Die Maus streckte den Kopf aus dem Eingang und sagte:
„Hier wohnt das Mäuslein Seidennas. Und wer bist du?"
„Ich bin das Fröschlein Hupfdurchsgras. Bitte laß deine Tür nicht zu."
„Nur herein!" sagte die Maus. „Dann sind wir zu zwei'n."
Der Fäustling im Winterwald war groß genug für die Maus und den Frosch. Sie saßen drin und freuten sich, daß sie es warm hatten. Nach einem Weilchen kam ein Hase daher und fragte:
„Bitte sehr – wohnt da wer?"
„Das Mäuslein Seidennas, das Fröschlein Hupfdurchsgras. Und wer bist du?"

„Ich bin der Hase Hoppelschnell. Laßt ihr mich bitte ein?"
„Komm herein, aber mach die Tür wieder zu!"
Ein Füchslein kam des Wegs daher, blieb vor dem Fäustling stehn und fragte: „Bitte sehr – wohnt da wer?"
„Das Mäuslein Seidennas, das Fröschlein Hupfdurchsgras, der Hase Hoppelschnell. Und wer bist du?"
„Ich bin das Füchslein Goldenfell. Laßt ihr mich bitte ein?"
„Komm herein, aber mach die Tür wieder zu."
Jetzt saßen in dem Fäustling vier. Bald klopfte es wieder an die Tür. Ein Wolf stand draußen und fragte:
„Bitte sehr – wohnt da wer?"
„Das Mäuslein Seidennas, das Fröschlein Hupfdurchsgras, der Hase Hoppelschnell, das Füchslein Goldenfell. Und wer bist du?"
„Ich bin der Wolf Silberpelz. Laßt ihr mich bitte ein?"
„Komm herein, aber mach die Tür wieder zu."
Der Wolf kroch in den warmen Fäustling. Es war nicht mehr viel Platz, aber sie rückten alle zusammen und freuten sich, daß sie es warm hatten.
Und wieder kam jemand aus dem Winterwald und klopfte an das kleine warme Häuschen.
„Bitte sehr – wohnt da wer?" grunzte er.
„Das Mäuslein Seidennas, das Fröschlein Hupfdurchsgras, der Hase Hoppelschnell, das Füchslein Goldenfell, der Wolf Silberpelz. Und wer bist du?"
„Ich bin der Eber Borstenstelz. Laßt ihr mich bitte ein?"
„Das wird wohl nicht mehr gehn, der Fäustling ist zu klein!"
„Es ist so kalt, so viel Schnee im Wald. Wollt ihr, daß ich friere?"
„Nein, nein", sagten die Tiere. „Komm nur herein. Wir werden uns noch ein bißchen zusammendrängen. Hoffentlich wirst du dickes Schwein unseren warmen kleinen Fäustling nicht sprengen!"
„Aber nein", sagte das Schwein und kroch zu den andern hinein. Der Fäustling krachte schon in allen Nähten. Die Maus, der Frosch, der Hase, der Fuchs, der Wolf und der Eber, die trauten sich nicht mehr zu niesen und kaum zu reden.

Da knackte und tappte es vor der Tür, und das war ein Bär.

„Bitte sehr – wohnt da wer?" brummte der Bär.

„Das Mäuslein Seidennas, das Fröschlein Hupfdurchsgras, der Hase Hoppelschnell, das Füchslein Goldenfell, der Wolf Silberpelz, der Eber Borstenstelz. Und wer bist du?"

„Ich bin der Bär Dickundschwer. Laßt ihr mich bitte ein?"

„Der Fäustling kracht schon in allen Nähten, wir können nicht niesen und kaum mehr reden. Wir haben für dich kein Plätzchen mehr!"

„Rückt nur zusammen!" sagte der Bär. „Soll ich als einziger draußen sein?"

Da ließen sie auch noch den Bären herein.

Inzwischen ging der alte Mann mit seinem kleinen Hund immer weiter durch den Wald. Plötzlich merkte der alte Mann, daß er seinen Fäustling verloren hatte, und sagte zu dem kleinen Hund:

„Ich hab meinen Fäustling verloren, wir müssen umkehren!"

Da kehrten sie um und suchten, und das Hündchen lief voraus. Und da fanden sie den Fäustling. Er lag im Schnee und wackelte, als wäre jemand drin.

„Wauwauwauwauwauwauwau!" bellte der kleine Hund. „Bitte sehr – wohnt da wer?"

Wie die Maus und der Frosch, der Hase und der Fuchs, der Wolf und der Eber und der Bär das hörten, sprangen sie aus dem Fäustling heraus und machten, daß sie wegkamen. Der alte Mann aber bückte sich und hob den Fäustling auf und freute sich, daß er ihn wiederhatte.

Eine ganz kurze Geschichte

Ein Huhn und ein Hahn,
die Geschichte geht an.
Eine Kuh und ein Kalb,
die Geschichte ist halb.
Eine Katz' und eine Maus,
die Geschichte ist aus.

Das zehnte kleine Hühnchen

Mutter Henne hatte zehn Eier gelegt. Viele Tage lang saß sie im Nest und wärmte sie. Eines Morgens schlüpften die Küken aus, eins nach dem anderen, bis neun Hühnchen aus den Eiern geschlüpft waren. Nur das zehnte war noch nicht da. Das zehnte Hühnchen klopfte und klopfte an die Eierschale. Endlich zerbrach sie. Ganz naß war das zehnte Hühnchen noch; seine Federn klebten aneinander. Es wollte zu seinen Geschwistern, aber Mutter Henne hackte mit dem Schnabel nach ihm und jagte es fort. Das kleine Hühnchen konnte das nicht verstehen. Es fror. Alle anderen Küken waren unter die Flügel der Mutter gekrochen.

Armes kleines Hühnchen! Nie durfte es sich bei der Mutter wärmen. Hunger hatte es auch immer. Mutter Henne suchte Körner, Würmer und Käfer für die neun anderen Küken. Dem zehnten gab sie nie etwas. Die Geschwister hackten nach ihm und traten es mit den Krallen. Das Hühnchen blieb mager und struppig, und scheu wurde es auch.

Einmal fragte es: „Warum seid ihr so böse zu mir?"

„Wir haben braune Federn, nur du allein bist bunt", antwortete eines der Küken. „Das gehört sich nicht!"

Das Hühnchen wußte nicht, wie bunte Federn aussehen. Es war so struppig, und sein Federkleid war verklebt und schmutzig. Ich muß häßlich sein, dachte das Hühnchen. Niemand mag mich, und ich bin immer allein. Ich will fortgehen.

Das Hühnchen wanderte fort. Es wanderte lange. Manchmal war es gut, daß das Hühnchen so klein und mager war. Kein Fuchs, kein Hund tat dem mageren kleinen Hühnchen etwas zuleide. Es wanderte und wanderte, und endlich kam es zu einem Getreidefeld. Da gab es Körner, mehr als genug. Das Hühnchen pickte und pickte. Als sein Kröpfchen voll war, suchte das Hühnchen sich mitten im Feld einen Schlafplatz.

Nun hatte das Hühnchen immer genug zu fressen. Bald war es nicht mehr mager, und struppig war es auch nicht mehr. Von dem guten Futter wurde sein Federkleid dicht und glänzend, aber das Hühnchen wußte es nicht und hielt sich noch immer für häßlich.

Eines Tages, als es Körner suchte, kam ein fremder Hahn daherspaziert. Sein Gefieder war braun und blau und schwarz und grün. Sein Kamm leuchtete rot.

Das Hühnchen duckte sich und machte sich so klein wie nur möglich. Gleich wird er nach mir hacken und mich mit seinen Krallen kratzen, dachte es.

Aber der Hahn hackte und kratzte das Hühnchen nicht, sondern fragte: „Hühnchen willst du meine Frau werden?"

Das Hühnchen war ganz verwirrt. „Verspotte mich nicht", stammelte es. „Ich bin doch so häßlich."

Da verneigte der prächtige Hahn sich tief vor dem Hühnchen und sagte: „Du bist das allerschönste bunte Hühnchen auf der Welt! Ich bin glücklich, daß ich dich gefunden habe."

Der bunte Hahn und das bunte Hühnchen heirateten und bekamen viele kleine Küken. Manche Küken hatten ein buntes Federkleid, manche ein braunes. Aber keins verspottete das andere, und alle lebten zufrieden und freundlich miteinander.

Aus dem kleinen Hühnchen war nun eine Mutter Henne geworden. Weil es so glücklich war, vergaß es, wie böse die eigene Mutter zu ihm gewesen war. Es dachte: Meine Mutter ist nun vielleicht ganz allein. Vielleicht hat sie mich jetzt lieb? Ich möchte sie hier bei uns haben, wo es immer genug Körner zu picken gibt.

Da zog die junge Mutter Henne aus und suchte die alte Mutter Henne. Die alte Mutter Henne war wirklich ganz allein. Alle ihre Küken waren längst fortgezogen und kümmerten sich nicht mehr um sie. Der Fuchs hatte die alte Mutter Henne angefallen. Sie war ihm nur mit Mühe entkommen und hinkte seither auf einem Bein.

Als sie die schöne bunte Henne herankommen sah, schämte sie sich und wollte fliehen. Die junge Mutter Henne aber gab sich schnell zu erkennen. Dann führte sie die alte Mutter Henne zum Kornfeld. Die alte Mutter Henne mußte nie mehr Not leiden, und sie war sehr stolz auf ihre vielen Enkelkinder. Am stolzesten aber war sie auf die bunten Küken mit dem leuchtenden Federkleid.

Die sieben Raben

Es war einmal ein Mann, der hatte schon sieben Söhne und immer noch kein Töchterchen, so sehr er sich's auch wünschte. Endlich bekam seine Frau wieder ein Kind, und das war ein Mädchen. Es war aber so klein und schwach, daß der Vater fürchtete, es könnte sterben. Da schickte er einen der Jungen mit einem Krug zum Brunnen um Taufwasser. Die anderen sechs Brüder liefen mit. Am Brunnen balgten sie sich, und jeder wollte für das Schwesterchen Wasser schöpfen. Dabei fiel der Krug in den Brunnen, und die Jungen wagten sich nicht mehr nach Hause.

Als sie nicht kamen, wurde der Vater ärgerlich und rief: „Die Buben haben gewiß über einem Spiel vergessen, daß sie Taufwasser holen sollen. Ich wünschte, sie würden zu Raben!"

Kaum hatte er ausgesprochen, hörte er über sich in der Luft Geschwirr und Flügelschlagen. Er blickte auf und sah sieben kohlschwarze Raben davonfliegen.

Nun waren die Eltern sehr traurig, aber die Verwünschung konnten sie nicht zurücknehmen. Sie hatten jetzt nur noch ihr Töchterchen. Die Kleine starb nicht, sondern wuchs heran und wurde kräftig und hübsch. Keiner sagte dem Mädchen, daß es sieben Brüder gehabt hatte.

Einmal aber hörte das Mädchen die Leute über sich reden. „Ein hübsches Töchterchen ist es", sagten sie, „aber es ist am Unglück seiner sieben Brüder schuld."

Das Mädchen lief zu seinen Eltern und fragte, ob es wirklich sieben Brüder gehabt hätte. Da blieb den Eltern nichts anderes übrig, als ihrem Kind alles zu erzählen.

Das Mädchen wurde traurig und dachte: Wenn ich nicht zur Welt gekommen wäre, hätten meine Brüder nicht Raben werden müssen. Oft weinte es heimlich. Und eines Tages sprach es: „Ich will in die Welt hinausziehen und meine Brüder erlösen!"

Vater und Mutter wollten dem Mädchen das ausreden, aber es ließ sich nicht davon abbringen und ging fort. Es nahm nur einen Laib Brot mit für den Hunger und einen Krug Wasser für den Durst und ein Tüchlein zum Umbinden, wenn es kalt würde.

Das Mädchen ging und ging bis ans Ende der Welt und ging noch weiter und kam zur Sonne. Da war es sehr heiß. Das Mädchen lief schnell weiter und kam zum Mond. Da war es sehr kalt. Das Mädchen lief weiter zu den Sternen, die blinkten freundlich und fragten: „Kleines Mädchen, was suchst du so weit weg von daheim?"

„Ich suche meine sieben Brüder, die Raben geworden sind", antwortete das Mädchen.

„Deine sieben Brüder haben wir fliegen sehen", sagten die Sterne, und der Morgenstern gab dem Mädchen ein Gockelbeinchen und sprach: „Deine Brüder sind im Glasberg. Mit diesem Gockelbeinchen kannst du den Glasberg aufschließen."

Das Mädchen bedankte sich, nahm das Gockelbeinchen und wickelte es in sein Tüchlein. Dann ging es und ging, bis es zum Glasberg kam. Das Tor war verschlossen. Das Mädchen band das Tüchlein auf und wollte das Gockelbeinchen herausnehmen, doch das Tüchlein war leer. Das Mädchen hatte das Sternengeschenk verloren. Da setzte es sich am Fuß des Glasbergs hin und weinte.

Und wie es weinte, kam ein Zwerg und sagte: „Ich weiß, du hast das Gockelbeinchen verloren. Ich habe es gefunden. Gib mir einen goldenen Ring, der nicht aus Gold ist, dann sollst du dein Gockelbeinchen wieder haben."

Das Mädchen schnitt sich eine Locke ab, die leuchtete wie gesponnenes Gold. Aus der Locke flocht es ein Ringlein für den Zwerg, ein goldenes Ringlein, das nicht aus Gold war. Nun gab der Zwerg dem Mädchen das Gockelbeinchen, und das Mädchen steckte das Beinchen in das gläserne Schlüsselloch am Tor des gläsernen Berges. Das Tor sprang auf, und das Mädchen ging hinein.

„Die Herren Raben sind nicht zu Hause", sagte der Zwerg, „aber du darfst hier warten, bis sie kommen."

Im gläsernen Berg stand ein gläserner Tisch mit sieben Tellerchen und sieben Becherchen gedeckt. Der Zwerg legte auf jeden Teller Speisen und goß jeden Becher voll Wein. Die Schwester aß von jedem Teller einen Bissen und trank aus jedem Becher einen Schluck. Darauf trat sie ans Fenster und schaute, ob die

Brüder nicht bald heimkämen. Der Zwerg aber warf den goldenen Ring aus Haar in den kleinsten Becher, ohne daß das Mädchen es merkte.

Dann war Geschwirr und Flügelschlagen in der Luft, und das waren die sieben Raben, die nach Hause kamen. Das Mädchen aber versteckte sich rasch hinter der Tür.

Die sieben Raben kamen in den gläsernen Berg und wollten essen und trinken. Nachdem sie sich zu Tisch gesetzt hatten, sprach einer nach dem anderen: „Wer hat von meinem Teller gegessen? Wer hat aus meinem Becher getrunken? Das war kein Rabenschnabel, das war ein Menschenmund!"

Und wie der jüngste Rabenbruder sein Becherlein ausgetrunken hatte, fand er darin den goldenen Haarring und sagte: „Ach, wäre der Ring doch aus unserer Schwester Haaren geflochten, so wären wir erlöst! Hätte doch unsere Schwester uns gesucht, wir würden wieder zu Menschen!"

Das Mädchen sprang hinter der Tür hervor und rief: „Hier bin ich, meine lieben Brüder!"

Da wurden alle sieben Raben wieder zu Menschen. Sie umarmten und küßten ihr Schwesterchen, und dann zogen sie alle fröhlich heim.

Häsleinbraut

Eine Frau lebte mit ihrer Tochter in einem kleinen Haus. Hinter dem Haus war ein Garten, in dem stand schöner Kohl. Als es Winter wurde, kam ein Häslein und knabberte an dem Kohl.

„Geh in den Garten, Tochter, und jag das Häslein weg", sagte die Frau.

Die Tochter ging in den Garten und rief: „Schu schu! Weg mit dir, Häslein! Friß nicht unseren Kohl!" Da sagte das Häslein: „Komm, du Mädchen, setz dich auf mein Hasenschwänzchen. Ich trag' dich ins Hasenhaus!" Das wollte das Mädchen aber nicht.

Anderntags kam das Häslein wieder.

„Geh in den Garten und jag das Häslein weg!" sagte die Frau.

Die Tochter ging und rief: „Schu schu! Weg mit dir, Häslein! Friß nicht unseren Kohl!" Da sagte das Häslein wieder: „Komm, du Mädchen, setz dich auf mein Hasenschwänzchen. Ich trag' dich ins Hasenhaus." Das wollte das Mädchen aber wieder nicht.

Am dritten Tag kam das Häslein zum drittenmal.

„Geh in den Garten und jag das Häslein weg!" sagte die Frau zu ihrer Tochter.

Die Tochter ging und rief: „Schu schu! Weg mit dir, Häslein! Friß nicht unseren Kohl!" Da sagte das Häslein: „Komm, du Mädchen, setz dich auf mein Hasenschwänzchen. Ich trag' dich ins Hasenhaus."

Da setzte das Mädchen sich aufs Hasenschwänzchen, und das Häslein trug es in sein Hasenhaus und sagte: „Mädchen, koch uns schönen grünen Kohl, ich geh die Gäste zur Hochzeit laden."

Zur Hochzeit kamen viele Hasen und eine Krähe, die sollte die Brautleute trauen.

Das Mädchen war traurig, so allein im Hasenhaus. Kam das Häslein und sagte: „Mach auf, die Hochzeitsgäste sind hungrig!"

Das Mädchen antwortete nicht und machte nicht auf.

Nach einer Weile kam das Häslein wieder und sagte: „Mach auf, die Hochzeitsgäste sind durstig!"

Das Mädchen antwortete nicht und machte nicht auf.

Nach einer Weile kam das Häslein und rief: „Mach auf, die Hochzeitsgäste wollen tanzen!"

Aber das Mädchen sagte wieder nichts, und das Häslein ging wieder fort.

Das Mädchen im Hasenhaus machte eine Puppe aus Stroh, zog ihr Kleider an und setzte ihr eine Haube auf. Sie stellte die Puppe zum Herd und gab ihr einen Kochlöffel in die Hand. Dann lief das Mädchen eilig zurück zu seiner Mutter.

Das Häslein ist wiedergekommen und hat das Mädchen gerufen, aber niemand hat aufgemacht. Das Häslein drückte die Tür ein und gab der Braut am Herd einen Stubs, daß ihr die Haube vom Kopf rutschte. Da sah das Häslein, daß die Braut eine Puppe aus Stroh war und schickte alle Hochzeitsgäste fort und war traurig.

Kleiner Jams

Kleiner Jams war ein Negerjunge. Er hatte eine Flöte und konnte so gut darauf spielen wie niemand sonst auf der Welt. Wenn Kleiner Jams auf seiner Flöte blies, horchten alle ihm zu. Spielte er ein Tanzlied, fingen alle zu tanzen an. Niemand wollte arbeiten, wenn Kleiner Jams die Flöte blies. Der Brei in den Kochtöpfen brannte an, und die Kühe auf der Weide wurden nicht gemolken.

„Kleiner Jams", sagten die Dorfleute, „du darfst nicht immer Flöte blasen!"

Kleiner Jams sah ein, daß die Leute im Dorf auch Zeit zur Arbeit brauchten. Weil er aber nicht aufhören wollte, auf seiner Flöte zu blasen, ging er in den Urwald. Er blies und blies und ging immer tiefer hinein und merkte es nicht. Es wurde Abend, und es kamen die Dunkelheit und die Nacht. Jetzt erschrak Kleiner Jams. In der Dunkelheit und in der Nacht gehen der schwarze Panther und der gefleckte Leopard auf die Jagd. Kleiner Jams fürchtete sich. Er war tief im Urwald und weit weg von seinem Dorf.

Kleiner Jams hörte zu spielen auf und fing an zu laufen. Da sah er plötzlich aus der Finsternis zweimal zwei Augen leuchten. Es waren die Augen des schwarzen Panthers und des gefleckten Leoparden.

Sie werden mich fressen, dachte Kleiner Jams. Ich will noch einmal auf meiner Flöte spielen, bevor ich sterben muß.

Er nahm die Flöte und blies hinein. Er war traurig, weil er so jung sterben sollte, und wollte ein trauriges Lied blasen, aber aus seiner Flöte kam eine lustige Tanzmelodie.

Der schwarze Panther und der gefleckte Leopard stellten sich auf die Hintertatzen und fingen an, miteinander zu tanzen. Und solange Kleiner Jams auf seiner Flöte blies, konnten sie nicht aufhören zu tanzen.

Als Kleiner Jams das sah, blies er ein Tanzlied nach dem anderen. Da tanzten die Krokodile im Fluß, die dicken Nilpferde watschelten im Takt, die Elefanten hielten einander an den Rüsseln und stampften im Kreis. Die Schlangen tanzten, die Affen tanzten.

Kleiner Jams blies und blies auf seiner Flöte, und dann ging er fort. Die Tiere aber tanzten weiter. Als sie endlich müde wurden, merkten sie, daß niemand mehr da war, der zum Tanz aufspielte.

„Wo ist Kleiner Jams?" fragten der schwarze Panther und der gefleckte Leopard. „Wo ist er?"

Aber Kleiner Jams war längst daheim im Dorf bei seinen Eltern.

Baba Yaga Hexenkind

Es war einmal ein allerliebstes kleines Mädchen, das hieß Anjuschka. Eines Tages ging Anjuschka in den Wald und wollte Beeren pflücken. Dabei kam sie immer tiefer in den Wald hinein und kam endlich zu einem Häuschen, das stand auf zwei Hühnerbeinen. Im Garten des Häuschens saß ein Mädchen in einem zerrissenen Kleid und weinte. Vor der Tür des Häuschens hockte ein mageres Hündchen und winselte.

Anjuschka trat zu dem Mädchen hin und fragte: „Warum weinst du?"

Das Mädchen blickte auf und antwortete: „Wie soll ich nicht weinen? Ich bin die Dienstmagd der knochendürren Hexe Baba Yaga, muß von früh bis abends waschen und kochen, aber nie bekomme ich ein gutes Wort, sondern immer nur Püffe und Schläge."

Da hatte Anjuschka Mitleid mit der Hexendienstmagd, band schnell ihr rotes Halstuch los und drückte es ihr in die Hand.

„Willst du mir das wirklich schenken?" fragte die Hexendienstmagd und hörte zu weinen auf. „So etwas Hübsches habe ich noch nie im Leben gehabt!"

„Warum winselst du, Hündchen?" fragte nun Anjuschka den mageren kleinen Hund.

„Wie soll ich nicht winseln?" antwortete das Hündchen. „Ich muß das Hexenhaus bewachen, aber nie bekomme ich ein gutes Wort, sondern immer nur Püffe und Schläge."

Da nahm Anjuschka aus ihrer Schürzentasche ein Stück weißes Brot, das sie eingesteckt hatte, und gab es dem Hündchen. Das Hündchen hörte zu winseln auf und schluckte das Brot so schnell hinunter, als hätte es schon tagelang nichts zu fressen gehabt.

„Geh fort, kleines Mädchen, bevor dich die Hexe Baba Yaga sieht!" sagte die Hexendienstmagd.

„Geh fort!" bellte auch das Hündchen.

Die knochendürre Hexe Baba Yaga hatte Anjuschka schon erblickt und rief: „Komm herein, mein Kind, komm herein!"

Da mußte Anjuschka in das Häuschen hineingehen, aber sie tat es nicht gern, die knochendürre Hexe Baba Yaga gefiel ihr gar nicht, und sie wollte, sie hätte auf die Hexendienstmagd und das Hündchen gehört.

„Was bist du für ein allerliebstes kleines Mädchen", sagte die Hexe Baba Yaga. „So ein Töchterchen habe ich mir schon immer gewünscht. Du sollst bei mir bleiben und Baba Yaga Hexenkind heißen."

„Ich will nicht bei dir bleiben", sagte Anjuschka. „Ich will heim zu meinem Vater und zu meiner Mutter."

„Gleich werde ich dir ein Hexenbad richten", sagte Baba Yaga. „Wenn du erst einmal mit Hexenwasser gewaschen bist, hast du Vater und Mutter vergessen und bist ein rechtes Hexenkind. Jetzt setz dich an den Webstuhl und web fleißig! Ich will das Klapp-Klapp des Webstuhls hören, damit ich weiß, daß du mir nicht fortläufst."

Und die Hexe Baba Yaga zwickte Anjuschka freundlich in die Wange und ging aus dem Häuschen, um das Hexenbad zu richten.

Anjuschka setzte sich an den Webstuhl und fing traurig zu weben an. Sie wollte nicht Vater und Mutter vergessen und Baba Yaga Hexenkind werden.

„Webst du auch fleißig, Baba Yaga Hexenkind?" rief die Hexe von draußen.

„Ja", antwortete Anjuschka, und der Webstuhl machte klapp-klapp, klapp-klapp.

Einmal sah sie auf und erblickte eine struppige, magere Katze, die in einem Winkel saß. Anjuschka fiel ein, daß sie ein Stückchen Speck in ihrer Schürzentasche hatte. Sie holte das Stückchen Speck heraus und warf es der Katze zu. Im Nu hatte die Katze den Speck verschluckt. Dann stand sie auf, streckte sich und fing an, sich die Pfoten zu lecken. Als sie damit fertig war, sagte sie: „Kleines Mädchen, lauf fort von hier, so schnell du kannst!"

In diesem Augenblick rief die Hexe Baba Yaga zum zweitenmal durchs Fenster herein: „Baba Yaga Hexenkind, webst du auch?"

„Ja", antwortete Anjuschka, und klapp-klapp, klapp-klapp machte der Webstuhl.

„Hier hast du einen Kamm und ein Handtuch", wisperte die Katze. „Schleich dich weg! Wenn die Hexe dich verfolgt, wirf zuerst das Handtuch hinter dich und dann den Kamm."

„Danke, liebe Katze", antwortete Anjuschka. „Aber wie kann ich mich davonschleichen? Wenn ich zu weben aufhöre und der Webstuhl nicht mehr klappert, weiß die Hexe, daß ich fort bin."

„Ich werde an deiner Stelle weben", sagte die Katze.

Anjuschka stand vom Webschemel auf, und die Katze setzte sich nieder. Klapp-klapp, klapp-klapp machte der Webstuhl. Und wie die Katze webte! Alle Fäden verhedderten sich, das Webschiffchen flog wie verrückt hin und her. Die Wolle wickelte sich von den Spulen; die Katze warf eine Spule dahin, die andere dorthin. Das war ein Durcheinander! Die Katze schnurrte vor Vergnügen. Anjuschka aber schlüpfte durch die Hintertür aus dem Häuschen.

„Webst du auch, Baba Yaga Hexenkind?" rief die Hexe durchs Fenster herein.

„Ja", antwortete die Katze, und der Webstuhl machte klapp-klapp, klapp-klapp, und die Fäden verwirrten sich noch mehr.

Endlich hatte die Hexe Baba Yaga das Hexenbad bereitet, und sie kam in das Haus zurück. Vor lauter Fädengewirr und fliegender Wolle konnte sie zuerst gar nichts sehen, dann aber entdeckte sie die Katze am Webstuhl und sah, daß Anjuschka fort war.

„Wie kannst du es wagen, Katze, mir einen solchen Streich zu spielen?" schrie die Hexe Baba Yaga zornig.

„Ich habe dir lange gedient und dir beim Hexen geholfen", fauchte die Katze. „Nie hast du mir ein gutes Wort gegeben, und zum Fressen hast du mir nur die magersten Knochen zugeworfen. Das kleine Mädchen aber gab mir ein Stück Speck."

Baba Yaga stürzte aus der Hütte und schrie das magere Hündchen an: „Warum hat du nicht gebellt und Baba Yaga Hexenkind gebissen?"

„Lange genug habe ich dir das Häuschen bewacht", bellte der Hund. „Nie hast du mir ein gutes Wort gegeben, immer nur Püffe und Schläge. Das kleine Mädchen aber gab mir ein Stück Brot."

„Und du?" schrie Baba Yaga die Dienstmagd an. „Warum hast du Baba Yaga Hexenkind laufen lassen und hast mich nicht gerufen?"

„Lange habe ich dir gedient", antwortete die Hexendienstmagd. „Nie hast du mir ein gutes Wort gegeben, sondern immer nur Püffe und Schläge. Das kleine Mädchen aber schenkte mir sein rotes Halstuch."

Die Hexe Baba Yaga fing vor Zorn zu knistern an und sprühte Funken. Dann rannte sie Anjuschka nach.

Anjuschka war schon weit fortgelaufen, als sie auf einmal die Hexe hinter sich herkeuchen hörte.

Jetzt muß ich tun, was die Katze gesagt hat, dachte Anjuschka und warf das Handtuch hinter sich.

Kaum fiel das Handtuch zu Boden, wurde es zu einem breiten, wilden Fluß, den die Hexe Baba Yaga nicht durchwaten konnte. Sofort hexte sie hundert Ochsen her, und die mußten den Fluß austrinken.

Und wieder hörte Anjuschka die Hexe hinter sich herkeuchen. Ich muß tun, was die Katze gesagt hat, dachte Anjuschka und warf den Kamm hinter sich.

Kaum berührte der Kamm den Boden, da wuchs eine stachelige Dornhecke hervor. Die Dornranken hielten die Hexe

Baba Yaga fest, und als sie sich endlich freigehext hatte, war Anjuschka schon längst daheim.

Noch am selben Abend kamen die Hexendienstmagd, das Hündchen und die Katze aus dem Wald. Sie wollten nicht mehr bei der Hexe bleiben. Der Vater und die Mutter und Anjuschka nahmen sie freundlich auf, und sie lebten alle glücklich miteinander.

Einschlafmärchen

Ein Kind war traurig und allein
und schlief in seinem Bett nicht ein.
Und als das Kind im Bettchen lag,
da kam ein grünes Käferlein,
das hatte Flüglein wie aus Glas
und eine große Brommel
und eine kleine Trommel.

Da nahm das Kind die Trommel,
der Käfer nahm die Brommel,
und sie gingen, und sie gingen,
und sie gingen fort und fort
und trommelten und brommelten,
der Käfer und das Kind,
und kamen endlich in das Land,
wo die schönen Träume sind.

Der kleine Spatz

Vor langer Zeit lebte in einem Dorf eine alte Frau. Einmal fand sie im Garten einen kleinen Spatzen, der hatte sich ein Bein gebrochen und piepste jämmerlich. Die alte Frau setzte den Spatzen in ein Körbchen, trug ihn ins Haus und brachte ihm Futter. Viele

Tage lang pflegte sie ihn und gewann ihn immer lieber. Endlich heilte das Spatzenbein, und der kleine Vogel flog fort.

Die alte Frau freute sich, daß der Spatz wieder gesund war, aber sie war auch traurig, denn ohne den Vogel schien das Haus plötzlich leer. Als sie am nächsten Morgen aufwachte, hörte sie vor dem Fenster Gezwitscher. Er ist zurückgekommen, dachte sie und lief aus dem Haus. Da war auch wirklich der Spatz. Er umflatterte sie und warf ihr einen Kürbiskern zu.

Die alte Frau pflanzte den Kürbiskern im Garten ein. Bald fing der Kern zu treiben an. Eine Pflanze wuchs daraus, die einen einzigen Kürbis trug. Als der Kürbis reif war, brach die alte Frau ihn vom Stengel und legte ihn aufs Fensterbrett.

Am Morgen darauf war der Kürbis voll weißer Reiskörner. Die alte Frau wunderte sich und sagte: „Wie kommen Reiskörner in meinen Kürbis?" Sie stellte einen Topf Wasser auf den Herd und warf den Reis hinein. Als der Reis gekocht war, füllte sie zwei Schüsseln damit, eine Schüssel für sich und eine Schüssel für den Spatzen. So köstlichen Reis hatte die alte Frau noch nie gegessen!

Es muß ein besonderer Reis gewesen sein, dachte sie und blickte zu dem leeren Kürbis hinüber. Aber – der Kürbis war nicht mehr leer. Er war voller Reiskörner.

„Wie kann das nur sein?" sagte die Frau. „Ich habe doch allen Reis aus dem Kürbis in den Kochtopf getan. Und nun ist er schon wieder voll Reis? Ich will den Reis kochen und meine Nachbarin einladen!"

Die alte Frau schüttete den Reis in ihren Kochtopf. Als sie den Kürbis auf das Fensterbrett zurücklegte, füllte er sich zum drittenmal mit Reis.

Da nahm die Frau alle Töpfe, die sie hatte, stellte sie auf den Herd und kochte Reis – Reis aus dem wunderbaren Kürbis, Reis für die Nachbarin und für alle Leute aus dem Dorf.

Und dann lud sie das ganze Dorf ein. Alle kamen und aßen und waren fröhlich. Am fröhlichsten war die alte Frau.

Der Kürbis aber wurde nie leer, solange sie lebte.

Das Mädchen im Gras

Es war einmal ein König, der hatte so viele Söhne wie Finger an seinen Händen. Also genau zehn!

Eines Tages sagte er: „Ich gebe jedem von euch einen schneeweißen Schimmel und eine neue Jacke und einen Hut mit einer Feder. Dann müßt ihr fortreiten und euch eine Frau suchen. Aber bringt mir nur ein Mädchen heim,

>   das gern spinnen und weben mag
>   und ein Hemdlein nähen an einem Tag.

Eine andere will ich nicht zur Schwiegertochter."

Da zogen die Söhne die neuen Jacken an, setzten die Hüte mit den Federn auf und ritten fort, um das Mädchen zu suchen,

> das gern spinnen und weben mag
> und ein Hemdlein nähen an einem Tag.

Bevor sie sich voneinander trennten, sagten sie: „Der kleine Hans muß daheim bleiben! Der findet doch nie ein Mädchen!"

Der kleine Hans war der jüngste. Traurig stieg er vom Pferd, setzte sich ins Gras und schaute den Brüdern nach.

Wie er so dasaß, kam ein Mädchen daher, das war nicht größer als ein Grashalm. Es trat auf Hans zu und sagte: „Ich bin die rechte Braut für dich!" Und schon fing es zu spinnen und zu weben an und nähte ein Hemdlein und brauchte dazu nicht einmal einen Tag. Freilich war es nur ein ganz kleines Hemd.

Hans ritt damit nach Hause und schämte sich ein wenig, weil das Hemd gar so winzig klein war.

Der König aber sagte: „Bring das Mädchen ins Schloß, und heirate es."

Hans war sehr froh. Er ritt zu dem Mädchen im Gras zurück und wollte sie aufs Pferd heben.

„Nein, Hans", sagte das Mädchen, „ich fahre in einem silbernen Löffel und habe zwei weiße Pferde, die ziehen mich."

Die Pferde waren zwei weiße Mäuse mit rosa Schwänzen. Sie spannten sich vor den Silberlöffel und zogen das Mädchen im Gras davon.

Hans ritt hinterher und gab gut acht, daß sein Pferd die kleine Braut nicht zertrat. Als sie an einen Bach kamen, blickte er sich nach einer Brücke für die kleine Kutsche um. Da streifte sein Pferd mit einem Vorderhuf den silbernen Löffel, und das Mädchen im Gras fiel ins Wasser.

Hans sprang von seinem Pferd und fischte die kleine Braut aus dem Wasser. Aber nun war sie plötzlich so groß wie er selber und schöner als jedes andere Mädchen, das er jemals gesehen hatte. Er setzte seine Braut vor sich aufs Pferd und ritt mit ihr heim.

Die Brüder waren schon im Schloß. Jeder hatte ein Mädchen mitgebracht. Aber so schön und freundlich wie seine war keine der anderen Bräute.

Hans und das Mädchen im Gras lebten viele, viele Jahre glücklich zusammen und hatten viele, viele Kinder miteinander.

Jedem Kind nähte das Mädchen im Gras ein Hemd. Es waren nur ganz kleine Hemden. Ganz winzig kleine Hemden!

Aber den Kindern paßten sie ganz genau!

Robin-Rotkehlchen

An einem Frühlingsmorgen hüpfte Robin-Rotkehlchen in einem Dornstrauch herum und sang. Da kam die Katze Mäusetod geschlichen und sagte: „Komm her zu mir, Robin-Rotkehlchen, ich will dir den weißen Ring um meinen Hals zeigen."

„Nein!" sagte Robin-Rotkehlchen. „Nein, Katze Mäusetod! Du hast das Mäuschen geschreckt, aber mich sollst du nicht schrecken."

Robin-Rotkehlchen flog davon, bis es zu einem Wald kam. Auf einem Baum saß der Falke Krallenscharf und sagte: „Komm her zu mir, Robin-Rotkehlchen. Ich will dir eine schwarze Feder an meinem Flügel zeigen."

„Nein!" sagte Robin-Rotkehlchen. „Nein, Falke Krallenscharf! Du hast den kleinen Spatzen gerupft, aber mich sollst du nicht rupfen."

Robin-Rotkehlchen flog davon, bis es zu einer Felsschlucht kam. Dort saß der Fuchs Hühnerschreck und sagte: „Komm her zu mir, Robin-Rotkehlchen. Ich will dir einen weißen Fleck auf meiner Schwanzspitze zeigen."

„Nein!" sagte Robin-Rotkehlchen. „Nein, Fuchs Hühnerschreck! Du hast das Huhn gefressen, aber mich sollst du nicht fressen."

Robin-Rotkehlchen flog davon, bis es zu einem Haus kam. Vor dem Haus saßen Kinder; sie tranken Milch und aßen Brot.

„Komm her zu uns, Robin-Rotkehlchen", sagten die Kinder. „Wir wollen dich füttern."

Die Kinder streuten Brotkrumen, und Robin-Rotkehlchen pickte alle Krumen auf.

Dann setzte es sich in einen Busch und sang den Kindern sein allerschönstes Lied vor.

Sturi-Muri

Einer armen Bauersfrau war der Mann gestorben, und sie blieb allein mit ihrem kleinen Sohn zurück. Jeden Morgen molk sie ihre einzige Kuh, und der Junge trank sich an der Milch satt.

Einmal, als die Bäuerin in den Stall ging, lag die Kuh tot auf dem Stroh. Da setzte sich die arme Frau auf die Erde und weinte.

Das Häuschen der Bäuerin stand vor einem großen Tannenwald. Aus diesem Wald kam eine schöne Frau in einem grünen Gewand heraus. Es war eine Waldfrau. Sie ging zu der Bäuerin und sagte: „Warum weinst du so laut, daß man es im ganzen Walde hört?"

„Ach, liebe Waldfrau", jammerte die Bäuerin, „mir ist der Mann gestorben, und jetzt ist auch die Kuh tot."

„Was gibst du mir, wenn ich deine Kuh wieder lebendig mache?" fragte die Waldfrau.

„Alles, was du haben willst", antwortete die Bäuerin.

Die Waldfrau zog ein Fläschchen hervor und spritze ein paar Tropfen daraus auf die tote Kuh. Da erhob sich die Kuh, schlug mit dem Schweif, muhte und begann Heu aus der Krippe zu rupfen.

Die Bäuerin war ganz närrisch vor Freude, die Waldfrau aber sagte: „Nun will ich meinen Lohn haben. Gib mir deinen kleinen Jungen, und es wird dich nicht reuen."

„Meinen Jungen geb' ich nicht her!" rief die Bäuerin.

Da sagte die Waldfrau: „Ich habe deine Kuh wieder lebendig gemacht, und dafür will ich deinen Sohn haben. Damit du aber siehst, daß ich nicht hartherzig bin, nehme ich ihn nicht gleich mit.

In drei Tagen komme ich wieder. Wenn du bis dahin meinen Namen weißt, kannst du den Jungen behalten."

Darauf ging die Waldfrau in den Wald zurück. Die Bäuerin konnte in dieser Nacht vor lauter Jammer nicht schlafen. Am Morgen nahm sie den Jungen in die Arme und ging in den Wald, sie wußte nicht warum. Eine Weile irrte sie umher. Waldtauben gurrten. Sonst war es ganz still.

Auf einmal hörte sie eine Stimme, die leise ein Lied sang. Sie ging der Stimme nach und fand eine Waldlichtung, auf der wuchsen blaue Glockenblumen und rote Grasnelken. Mitten auf der Lichtung saß die Waldfrau und nähte Hemdchen und Höschen aus feinstem grünem Stoff. Dabei sang sie:

> „Daß ich Sturi-Muri heiß,
> das weiß sie nie im Leben,
> muß mir den Jungen geben."

Als die Bäuerin das hörte, schlich sie fort und lief fröhlich heim. So fröhlich war sie, daß sie mit der Waldfrau ihren Spaß treiben wollte. Am dritten Tag setzte sie sich vor den Stall und machte das traurigste Gesicht der Welt. Als die Waldfrau kam, bettelte die Bäuerin: „Laß mir doch mein einziges Kind und nimm dafür die Kuh!"

„Dummes Weib", sagte die Waldfrau, „dein Junge wird eine schönere Mutter bekommen, als du eine bist, und bei mir wird er es besser haben als bei dir."

Nun wußte die Bäuerin recht gut, daß sie nicht schön war. Aber ob schön oder nicht, ihrem Jungen war sie immer eine gute Mutter gewesen, und sie glaubte nicht, daß die Waldfrau eine bessere Mutter wäre. Sie wurde zornig und rief:

> „Frau Sturi-Muri,
> schön bist du sicherlich,
> aber die rechte Mutter,
> die bin ich!"

Als die Waldfrau ihren Namen hörte, zerriß sie zornig ihr grünes Kleid und lief in den Wald zurück. Es dauerte aber nicht

lange, da kam sie wieder. Sie trug die kleinen grünen Hemden und kleinen grünen Höschen, die sie genäht hatte, und warf sie der Bäuerin in den Schoß.

„Nimm sie", sagte sie, „ich brauche sie nicht mehr."

Dabei sah sie so traurig aus, daß sie der Bäuerin leid tat. Ehe die Bäuerin aber ein Wort sagen konnte, war die Waldfrau verschwunden.

Der Junge trug die grünen Hemden und grünen Hosen, sie zerrissen nicht und wuchsen mit ihm. Und weil es Hemdchen und Höschen waren, die eine Waldfrau genäht hatte, verstand der Junge die Sprache der Tiere.

Schneewittchen

Es war mitten im Winter. Die Schneeflocken fielen wie Federn vom Himmel herab, da saß eine Königin am Fenster und nähte. Das Fenster hatte einen Rahmen aus schwarzem Ebenholz. Und wie die Königin nähte und nach dem Schnee aufblickte, stach sie sich mit der Nadel in den Finger, und es fielen drei Tropfen Blut in den Schnee. Weil das Rote im weißen Schnee so schön aussah, dachte sie: Hätt' ich ein Kind so weiß wie Schnee, so rot wie Blut und so schwarz wie das Holz am Fensterrahmen!

Bald darauf bekam die Königin eine Tochter, die war so weiß wie Schnee, so rot wie Blut, und ihr Haar war so schwarz wie Ebenholz. Und als das Kind geboren war, starb die Königin. Das Kind aber wurde Schneewittchen genannt.

Über ein Jahr nahm sich der König eine andere Frau. Die war sehr schön und konnte nicht leiden, daß eine andere schöner war als sie selber. Sie hatte einen wunderbaren Spiegel, und wenn sie hineinsah, sprach sie:

„Spieglein, Spieglein an der Wand,
wer ist die Schönste im ganzen Land?"

Und der Spiegel antwortete:

„Frau Königin, Ihr seid die Schönste im Land."

Schneewittchen aber wuchs heran und wurde immer schöner. Eines Tages fragte die Königin wieder ihren Spiegel:

„Spieglein, Spieglein an der Wand,
wer ist die Schönste im ganzen Land?"

Und der Spiegel antwortete:

„Frau Königin, Ihr seid die Schönste hier,
aber Schneewittchen ist tausendmal schöner als Ihr."

Da erschrak die Königin, und von dieser Stunde an haßte sie das Mädchen und hatte Tag und Nacht keine Ruhe mehr. Sie rief einen Jäger und sagte: „Bring das Kind in den Wald und töte es!"

Der Jäger führte Schneewittchen in den Wald. Als er es aber töten wollte, fing es an zu weinen und bat: „Lieber Jäger, laß mich leben! Ich will in den Wald laufen und nie mehr heimkommen."

„So lauf fort, du armes Kind", sagte der Jäger. Dann kehrte er allein zurück, und die Königin meinte, Schneewittchen wäre tot.

Nun war Schneewittchen ganz allein in dem großen wilden Wald. Da fing es an zu laufen und lief, bis es Abend wurde. Es lief über die spitzen Steine und durch die Dornen, und die wilden Tiere sprangen an ihm vorbei, aber sie taten ihm nichts. Endlich sah es ein kleines Haus und ging hinein. In dem Häuschen war alles winzig klein. Ein Tischlein stand da mit sieben kleinen Tellern, sieben kleinen Löffeln, sieben kleinen Messern und Gabeln und sieben Gläschen. An der Wand standen sieben Bettlein. Schneewittchen aß von jedem Tellerlein ein wenig und trank aus jedem Gläschen einen Tropfen Wein. Hernach legte es sich in ein Bettchen nach dem anderen, aber keines paßte, bis endlich das siebente recht war. Darin blieb Schneewittchen liegen und schlief ein.

Spät nachts kamen die sieben Zwerge, die in dem Häuschen wohnten, mit ihren Laternen heim.

„Wer hat auf meinem Stühlchen gesessen?" fragte der erste Zwerg. „Wer hat von meinem Tellerlein gegessen?" fragte der zweite. „Wer hat von meinem Brötchen genommen?" der dritte. „Wer hat von meinem Gemüslein gegessen?" fragte der vierte Zwerg. „Wer hat mit meinem Gäbelchen gestochen?" fragte der fünfte. „Wer hat mit meinem Messerlein geschnitten?" fragte der sechste. Der siebente Zwerg fragte: „Wer hat aus meinem Gläschen getrunken?"

Dann sah der erste sich um und rief: „Wer hat in meinem Bettchen gelegen?" Die anderen kamen gelaufen und riefen: „In meinem hat auch jemand gelegen." Der siebente Zwerg aber erblickte Schneewittchen in seinem Bett. Nun holten alle ihre Laternen und beleuchteten das schlafende Schneewittchen. Sie hatten eine so große Freude, daß sie es nicht aufweckten, sondern schlafen ließen. Der siebente Zwerg aber schlief bei seinen Gesellen, bei jedem eine Stunde, da war die Nacht herum.

Am Morgen erwachte Schneewittchen, und die Zwerge wollten wissen, warum es zu ihnen gekommen sei. Da erzählte es von der bösen Königin und daß es nicht mehr heimdürfe.

Von diesem Tag an blieb Schneewittchen bei den sieben Zwergen. Jeden Morgen gingen die Zwerge fort und suchten Erz und Gold in den Bergen, und am Abend kamen sie wieder.

Die Königin aber glaubte, sie wäre wieder die Allerschönste. Sie trat vor ihren Spiegel und sprach:

„Spieglein, Spieglein an der Wand,
wer ist die Schönste im ganzen Land?"

Der Spiegel antwortete:

> „Frau Königin, Ihr seid die Schönste hier,
> aber Schneewittchen über den Bergen
> bei den sieben Zwergen
> ist noch tausendmal schöner als Ihr."

Da meinte die Königin, sie müßte vor Wut sterben. Sie färbte sich das Gesicht dunkel und kleidete sich wie eine alte Krämerin. In dieser Gestalt wanderte sie über die sieben Berge zu den sieben Zwergen, klopfte an die Tür und rief: „Schöne Kämme zu verkaufen!" Der schönste Kamm aber war vergiftet.

Schneewittchen dachte nichts Böses und öffnete die Tür. „Jetzt will ich dich ordentlich kämmen", sagte die Krämerin und begann, dem Mädchen das Haar zu kämmen. Kaum aber steckte der vergiftete Kamm im Haar, fiel Schneewittchen ohnmächtig zu Boden. „Nun bist du die Schönste gewesen", sagte die Königin und ging fort.

Abends kamen die sieben Zwerge und sahen Schneewittchen wie tot auf der Erde liegen. Zum Glück bemerkten sie den giftigen Kamm im Haar und zogen ihn heraus. Da kam Schneewittchen wieder zu sich und erzählte, was geschehen war. „Gewiß war die Krämerin die Königin", sagten die Zwerge. „Laß keinen Menschen mehr herein, wenn wir nicht bei dir sind."

Daheim stellte die Königin sich vor den Spiegel und sprach:

> „Spieglein, Spieglein an der Wand,
> wer ist die Schönste im ganzen Land?"

Da antwortete der Spiegel:

> „Frau Königin, Ihr seid die Schönste hier,
> aber Schneewittchen über den Bergen
> bei den sieben Zwergen
> ist noch tausendmal schöner als Ihr."

Die Königin zitterte und bebte vor Zorn, ging in ihre Kammer und machte dort einen giftigen Apfel. Er hatte eine weiße und eine rote Hälfte und sah wunderschön aus. Als der Apfel fertig war, verkleidete die Königin sich in eine Bauersfrau. So ging sie über die Berge zu den sieben Zwergen und klopfte an die Tür des Häuschens.

Schneewittchen schaute aus dem Fenster und sagte: „Ich darf keinen Menschen einlassen, die sieben Zwerge haben mir's verboten."

„Meinetwegen", antwortete die Bäuerin, „meine Äpfel kann ich auch auf dem Markt verkaufen. Aber einen mußt du kosten, sie sind so gut. Siehst du, ich schneide den Apfel in zwei Teile. Iß die rote Hälfte! Die weiße will ich essen." Aber nur die rote Apfelhälfte war vergiftet, die weiße nicht.

Schneewittchen bekam Lust, den schönen Apfel zu essen, streckte die Hand aus und nahm die giftige Hälfte. Als es aber einen Bissen davon im Mund hatte, fiel es leblos zur Erde nieder. Da lachte die Königin, ging heim und fragte den Spiegel:

„Spieglein, Spieglein an der Wand,
wer ist die Schönste im ganzen Land?"

Jetzt endlich antwortete der Spiegel:

„Frau Königin, Ihr seid die Schönste im Land."

Als die Zwerge abends nach Hause kamen, fanden sie Schneewittchen auf der Erde liegen, es atmete nicht mehr, und es war tot. Sie legten es auf ein Bettlein, setzten sich daneben hin und weinten drei Tage lang. Am dritten Tag wollten sie Schneewittchen begraben, aber es sah noch so hübsch und lebendig aus und hatte rote Wangen. Da ließen sie einen durchsichtigen Sarg aus Glas machen, legten Schneewittchen hinein und trugen den Sarg auf den Berg. Einer der Zwerge aber blieb immer bei dem Sarg und bewachte ihn.

Es geschah aber, daß ein Königssohn in den Wald geritten kam und den gläsernen Sarg und das schöne Schneewittchen sah. Da sprach er zu den Zwergen: „Laßt mir den Sarg, ich will euch geben, was ihr dafür haben wollt."

Die Zwerge antworteten: „Wir geben Schneewittchen nicht her, nicht um alles Gold in der Welt."

„Ich liebe Schneewittchen", sagte der Königssohn, „und ich kann nicht leben, ohne es zu sehen."

Wie er so sprach, bekamen die Zwerge Mitleid mit ihm und schenkten ihm Schneewittchen im gläsernen Sarg. Der Königssohn befahl seinen Dienern, den Sarg aufzuheben und fortzutragen. Ein Diener aber stolperte über eine Wurzel. Der Sarg fiel zu Boden, und als er niederfiel, sprang der giftige Apfelbissen aus Schneewittchens Mund. Schneewittchen öffnete die Augen, setzte sich auf und war wieder lebendig.

„Wo bin ich?" rief es.

„Du bist bei mir", sagte der Königssohn voll Freude. „Ich habe dich lieber als alles auf der Welt. Komm mit mir in meines Vaters Schloß, du sollst meine Frau werden."

Da war ihm Schneewittchen gut und ging mit ihm.

Zum Hochzeitsfest wurden die sieben Zwerge eingeladen, aber auch die böse Königin. Als sie ihr schönstes Kleid angezogen hatte, trat sie vor den Spiegel und sprach:

> „Spieglein, Spieglein an der Wand,
> wer ist die Schönste im ganzen Land?"

Der Spiegel antwortete:

> „Frau Königin, Ihr seid die Schönste hier,
> aber die junge Königin ist tausendmal schöner als ihr."

Da wurde der Königin angst, und sie wollte nicht zur Hochzeit gehen, aber es ließ ihr keine Ruhe, sie mußte die junge Königin sehen. Und wie sie eintrat, erkannte sie Schneewittchen, und vor Wut und Zorn fiel sie tot um.

Schneewittchen und der Königssohn aber waren glücklich miteinander, solange sie lebten.

Füchslein Schlaukopf

In einem Wald stand ein Schloß, darin wohnten drei Zottelbären. Der eine war der große Zottelbär, der zweite war der dicke Zottelbär, und der dritte war der kleine Zottelbär.

Eines Tages kam Füchslein Schlaukopf am Schloß vorbei. „Ich möchte doch wissen, wie es drinnen aussieht", sagte das Füchslein und ging zum Tor. Das Tor stand einen Spalt offen. Füchslein Schlaukopf steckte die Nase hinein, blickte sich um und sah niemanden. Da schob es eine Pfote durch und öffnete das Tor ein wenig weiter. Es schob die zweite Pfote durch und gab dem Tor einen Schubs. Nun war der Spalt groß genug, und Füchslein Schlaukopf konnte ins Schloß hineinschlüpfen.

Im Schloß war ein großer Saal, und in dem Saal standen drei Sessel. Der eine Sessel war sehr groß, der zweite war sehr breit, und der dritte war ganz klein. Weil Füchslein Schlaukopf müde war, setzte es sich in den großen Sessel, aber der war so hart und unbequem, daß es gleich wieder heruntersprang. Es probierte den zweiten Sessel aus, der war nicht viel bequemer. Also hüpfte Füchslein Schlaukopf in den kleinen Sessel, der endlich war weich und bequem. Auf einmal aber – knicks-knacks-krach – brach der Sessel mitten entzwei. Füchslein Schlaukopf lag am Boden. Es stand auf, kratzte sich mit der Pfote hinterm Ohr und schaute sich um, was es sonst zu sehen gäbe.

Es sah einen Tisch, auf dem standen drei Schüsseln. Die eine war groß, die zweite breit und die dritte ganz klein. In den Schüsseln war Milch. Weil Füchslein Schlaukopf durstig war, ging es hin und begann aus der großen Schüssel zu trinken. Die Milch schmeckte ihm aber nicht. Füchslein Schlaukopf kostete aus der breiten Schüssel, und die Milch darin schmeckte kein bißchen besser. Also versuchte Füchslein Schlaukopf die Milch aus der kleinen Schüssel. Diese Milch schmeckte so süß und gut, daß Füchslein Schlaukopf sie bis zum letzten Tropfen ausschlabberte.

Nun wollte es sich umsehen, was es noch in dem Schloß gäbe, und es stieg die Treppe hinauf nach oben. Dort fand es ein Schlafzimmer, in dem standen drei Betten. Das eine Bett war groß, das zweite Bett war breit, und das dritte Bett war ganz klein. Weil Füchslein Schlaukopf schläfrig war, legte es sich ins große Bett. Das war hart und unbequem. Füchslein Schlaukopf hüpfte in das zweite Bett, doch das war kein bißchen weniger hart. Also stieg

Füchslein Schlaukopf in das dritte Bett, und das endlich war weich und warm. Füchslein Schlaukopf fielen die Augen zu, kaum daß es sich darin ausgestreckt hatte.

Es dauerte nicht lange, und die drei Zottelbären kehrten aus dem Wald in ihr Schloß zurück. Als sie in den Saal kamen, fragte der große Zottelbär: „Wer hat in meinem Sessel gesessen?"

„Wer hat in meinem Sessel gesessen?" fragte auch der dicke Zottelbär.

Der kleine Zottelbär aber fragte: „Wer hat in meinem Sessel gesessen und ihn zerbrochen?"

Dann wollten sie ihre Milch trinken, und der große Zottelbär fragte: „Wer hat von meiner Milch getrunken?"

„Wer hat von meiner Milch getrunken?" fragte auch der dicke Zottelbär.

Der kleine Zottelbär aber fragte: „Wer hat von meiner Milch getrunken und hat sie ausgetrunken?"

Dann gingen die drei Zottelbären die Treppe hinauf, und wie sie in ihr Schlafzimmer kamen, fragte der große Zottelbär: „Wer hat in meinem Bett geschlafen?"

„Wer hat in meinem Bett geschlafen?" fragte auch der dicke Zottelbär.

Der kleine Zottelbär aber fragte: „Wer hat in meinem Bett geschlafen? Schaut doch – da ist er!"

Füchslein Schlaukopf erwachte, sah die drei Zottelbären und erschrak nicht wenig.

Die drei Zottelbären überlegten, was sie mit Füchslein Schlaukopf tun sollten.

Der große Zottelbär sagte: „Wir wollen ihn auffressen!"

„Wir wollen ihn auffressen!" sagte auch der dicke Zottelbär.

Der kleine Zottelbär aber sagte: „Nein, wir wollen ihn nicht auffressen. Schaut doch – jetzt ist er fort!"

Füchslein Schlaukopf hatte keine Lust, sich fressen zu lassen, und sprang mit einem Satz aus dem Fenster. Das Fenster war hoch oben, und Füchslein Schlaukopf fiel tief und immer tiefer und landete endlich im Moos.

Füchslein Schlaukopf stand auf und schüttelte das eine Bein. Nein, das war nicht gebrochen. Füchslein Schlaukopf schüttelte das zweite Bein. Auch das war nicht gebrochen. Dann schüttelte es das dritte und vierte, und zuletzt wedelte es mit dem Schwanz. Als es merkte, daß alles heil war, sagte es zu sich: „Das ist ja noch einmal gut gegangen!"

Und Füchslein Schlaukopf lief fort von dem Schloß, darin die drei Zottelbären wohnten, der große Zottelbär, der dicke Zottelbär und der kleine Zottelbär, und es sauste in den Wald und lief heim in seine Höhle.

Der zehnköpfige Drache

Es war einmal eine Mutter, die hatte drei Kinder. Davon hatte sie zwei lieber als das dritte, warum, weiß niemand, aber es war so. Wenn sie vom Markt kam, brachte sie den beiden ersten immer etwas mit. Schon an der Tür rief sie:

„Söhnchen, mach auf!
Ich bringe Zuckerküsse!
Töchterchen, mach auf!
Ich bringe Mandeln und Nüsse!
Aber du, kleiner Rawunzel, komm nicht heraus,
dir bring ich nichts, du bleibst im Haus!"

Da kamen Söhnchen und Töchterchen gelaufen und aßen die Zuckerküsse und Mandeln und Nüsse. Der kleine Rawunzel aber blieb im Haus und kränkte sich.

Einmal ging die Mutter fort und sagte zu ihren Kindern: „Ich habe in der Zeitung gelesen, daß heute der zehnköpfige Drache in der Stadt herumläuft. Vielleicht kommt er auch zu unserem Haus. Wenn er euch ruft, macht die Tür nicht auf. Er hat eine rauhe, tiefe Stimme, daran erkennt ihr ihn."

Die Kinder versprachen, die Tür nicht zu öffnen.

Kaum war die Mutter fort, rief von draußen eine rauhe, tiefe Stimme:

„Söhnchen, mach auf!
Ich bringe Zuckerküsse!
Töchterchen, mach auf!
Ich bringe Mandeln und Nüsse!
Auch du, kleiner Rawunzel, komm herbei!
Dir bringe ich Kuchen und Leckerei!"

Die Kinder riefen: „Du bist der zehnköpfige Drache! Wir erkennen dich an deiner rauhen Stimme! Unsere Mutter hat eine helle Stimme."

Da ging der zehnköpfige Drache fort und fraß ein Büschel Zungenkraut. Das Zungenkraut machte seine Zunge kürzer und dünner, und er bekam eine hellere Stimme. Sofort lief er vor das Haus und rief die Kinder:

„Söhnchen, mach auf!
Ich bringe Zuckerküsse!
Töchterchen, mach auf!
Ich bringe Mandeln und Nüsse!
Auch du, kleiner Rawunzel, komm herbei!
Dir bring ich Kuchen und Leckerei!"

Söhnchen und Töchterchen glaubten, ihre Mutter riefe nach ihnen, öffneten die Tür und liefen hinaus. Nur der kleine Rawunzel dachte: Das kann nicht unsere Mutter sein. Meine Mutter hat mir noch nie Kuchen und Leckereien gebracht.

Und der kleine Rawunzel versteckte sich unter dem Bett.

Der zehnköpfige Drache verschluckte Söhnchen und Töchterchen und lief fort.

Am Abend kam die Mutter nach Hause und rief nach den Kindern:

„Söhnchen, mach auf!
Ich bringe Zuckerküsse!
Töchterchen, mach auf!
Ich bringe Mandeln und Nüsse!
Aber du, kleiner Rawunzel, komm nicht heraus,
dir bringe ich nichts, du bleibst im Haus!"

Da öffnete der kleine Rawunzel die Tür und sagte zu seiner Mutter:

„Der Drache hat Söhnchen verschluckt!
Der Drache hat Töchterchen verschluckt!
Aber nach mir hat er nicht geguckt!"

Dann weinte der kleine Rawunzel, klammerte sich an die Schürze der Mutter und erzählte alles. Wie die Mutter das hörte, weinte auch sie und umarmte den kleinen Rawunzel.

„Mutter", sagte der kleine Rawunzel, „der zehnköpfige Drache hat Söhnchen und Töchterchen mit einem einzigen

Schluck hinuntergeschluckt. Vielleicht sind sie noch lebendig. Komm, gehen wir dem Drachen nach!"

Die Mutter nahm den Korb mit den Zuckerküssen und den Mandeln und Nüssen, holte eine Laterne und ging mit dem kleinen Rawunzel fort. Sie gingen aus der Stadt hinaus und kamen an den Waldrand.

Dort saß der zehnköpfige Drache. Als die Mutter und der kleine Rawunzel ihn sahen, erschraken sie und versteckten sich hinter einem Busch.

Hinter dem Busch aber wuchs das Kräutlein Hab-Mut. Davon biß die Mutter ein Stück ab, aß es und sagte zu dem kleinen Rawunzel: „Bleib hier sitzen, bis ich wiederkomme, und hab keine Angst!" Dann ging sie auf den zehnköpfigen Drachen zu.

Der zehnköpfige Drache spuckte ein paar Feuerfunken und rief: „Wo gehst du hin?"

„Ich gehe spazieren!" rief die Mutter und spazierte näher.

„Ich verstehe kein Wort!" rief der zehnköpfige Drache. „Du mußt näherkommen und lauter sprechen. Ich höre schlecht." Das war aber gelogen. Er wollte nur, daß die Mutter noch näherkam, damit er sie leichter verschlucken konnte.

Die Mutter ging noch näher und rief: „Ich gehe spazieren!"

Als sie ganz nahe war, sagte der Drache: „Setz dich auf meine Unterlippe hier! Ich kann dich nicht hören, wenn du so weit weg bist."

Er beugte einen seiner zehn Köpfe nieder. Die Mutter setzte sich auf die Unterlippe, und der Drache schluckte sie hinunter.

Genau das hatte die Mutter gewollt.

Im Magen des zehnköpfigen Drachen saßen Söhnchen und Töchterchen und noch andere Leute und grämten sich. Die Mutter zündete ihre Laterne an, holte die Zuckerküsse und die Mandeln und Nüsse aus ihrem Korb und teilte sie aus. Als alle satt waren, sagte die Mutter: „Und jetzt wollen wir alle fröhlich tanzen, weil wir wieder beisammen sind!"

Da tanzten Söhnchen und Töchterchen und die Mutter und alle anderen Leute, die der zehnköpfige Drache verschluckt hatte. Sie trampelten mit den Füßen, sie sprangen und hüpften im Magen des Drachen herum.

Davon bekam der zehnköpfige Drache so entsetzliche Magenschmerzen, daß er alle wieder ausspuckte: Söhnchen und Töchterchen und die Mutter und die anderen Leute. Und als er sie ausgespuckt hatte, rannte er davon und ließ sich nie wieder blicken.

Der kleine Rawunzel kam hinter dem Busch hervor, und sie gingen fröhlich miteinander nach Hause.

Und wenn die Mutter wieder einmal vom Markt kam, rief sie nun immer:

„Söhnchen, mach auf!
Ich bringe Zuckerküsse!
Töchterchen, mach auf!
Ich bringe Mandeln und Nüsse!
An dich, kleiner Rawunzel, hab' ich auch gedacht,
und hab' dir etwas mitgebracht!
Was hast du denn am liebsten?"

Da sagte der kleine Rawunzel: „Zuckerküsse und Mandeln und Nüsse!"

Und er bekam Zuckerküsse und Mandeln und Nüsse, soviel er nur haben wollte.

Die Stehaufmännchen

Ein Mann und eine Frau bekamen einen kleinen Sohn, der lachte, kaum daß er auf der Welt war. „Er ist unser Glückskind", sagten die Eltern.

Der Mann und die Frau waren arm. Glückskind hatte kein einziges Höschen, das nicht geflickt war, aber er hatte seine Eltern lieb, und sie hatten ihn auch lieb.

Einmal waren im ganzen Haus nur noch drei Groschen. „Wir wollen sie unserem Glückskind schenken", sagten die Eltern. „Für drei Groschen kann man nicht einmal einen Fischschwanz kaufen. Soll der Kleine damit spielen!"

Glückskind nahm die drei Groschen und ging aus dem Dorf und weiter bis ins nächste Dorf. Dort kostete ein Fischschwanz nur einen Groschen.

Der kleine Junge kaufte einen Fischschwanz und aß ihn. Dann wollte er noch zwei Schwänze kaufen und sie seinen Eltern nach Hause bringen.

Da sah er plötzlich in einem Laden hölzerne Stehaufmännchen.

„Was kosten die Stehaufmännchen?" fragte der Junge den Verkäufer.

„Zwei Stehaufmännchen kosten zwei Groschen", sagte der Verkäufer.

Glückskind kaufte zwei Stehaufmännchen und steckte eins in den rechten und eins in den linken Ärmel. Dann wanderte er weiter, aber bevor er ins nächste Dorf kam, wurde er müde und setzte sich unter einen großen Baum in den Schatten, um sich auszurasten.

Wie er dort saß, hörte er auf einmal die Stehaufmännchen reden.

„Da ist ein hübscher Platz!" sagte das Stehaufmännchen im rechten Ärmel. „Wollen wir miteinander einen Ringkampf versuchen?"

„Ja, das wollen wir!" sagte das Stehaufmännchen im linken Ärmel. Und schon sprangen sie beide aus den Ärmeln des kleinen Jungen heraus und begannen miteinander zu balgen.

Glückskind saß da und schaute zu, und als die Stehaufmännchen aufhörten, sagte er:

„Meine lieben Stehaufmännchen, möchtet ihr im nächsten Dorf nicht auch einen Ringkampf aufführen?"

„Von Herzen gern", sagten die beiden Stehaufmännchen. „Aber hinlaufen wollen wir nicht." Und jedes von ihnen sprang in seinen Ärmel zurück.

Glückskind ging ins nächste Dorf zum Bürgermeister und bat:

„Bitte, Herr Bürgermeister, erlauben Sie, daß morgen meine zwei holzgeschnitzten Puppen auf dem Dorfplatz einen Ringkampf aufführen? Und bitte, Herr Bürgermeister, lassen Sie austrommeln, daß alle Leute im Dorf kommen und den Ringkampf ansehen sollen!"

„Das tu ich gern", antwortete der Bürgermeister. „Was sind es denn für Puppen?"

„Stehaufmännchen", sagte Glückskind.

„Stehaufmännchen!" rief der Bürgermeister. „Wunderbar! Stehaufmännchen lassen sich nie unterkriegen. Aber wer wird Sieger, wenn keines sich unterkriegen läßt?"

Glückskind antwortete nicht, und die Stehaufmännchen in seinem Ärmel begannen zu kichern.

Am nächsten Morgen ließ der Bürgermeister den Ringkampf der Stehaufmännchen austrommeln, und das ganze Dorf kam gelaufen, um sich den Kampf anzusehen.

Glückskind nahm ein Holzpüppchen aus seinem linken Ärmel und holte das zweite Püppchen aus dem rechten Ärmel. Die Stehaufmännchen fingen an, miteinander zu ringen. Mitten im Kampf aber hielten sie ein und riefen:

„Habt ihr schon bezahlt, geehrte Zuschauer? Nein? Dann müßt ihr bezahlen, sonst ringen wir nicht weiter!"

Die Zuschauer warfen dem kleinen Jungen Geldmünzen und schöne Tücher und allerlei Dinge zu und riefen:

„Weiter! Weiter! Wir wollen sehen, wie ein Stehaufmännchen das andere unterkriegt!"

Da lachten die beiden Stehaufmännchen ganz lustig und begannen miteinander zu ringen, und eins kriegte das andere unter. Gleich sprang aber das besiegte Männchen wieder auf und kriegte das andere Stehaufmännchen unter. Dabei kicherten und lachten sie:

„Spiel und Spaß, für jeden was!"

Die Zuschauer mußten mitlachen und warfen den Stehaufmännchen noch mehr Geld und andere Dinge hin, die man gut brauchen kann.

„Wer ist klüger? Wer ist Sieger?"

riefen die Stehaufmännchen und sprangen in die Ärmel des Jungen zurück.

Der Bürgermeister aber lieh Glückskind einen Wagen, damit der kleine Junge alles aufladen und zu seinen Eltern zurückfahren konnte. Als Glückskind losfuhr, rief ihm der Bürgermeister nach:

„Glück auf den Weg, mein Junge!"

Rotferkelchen

Eine Frau hätte so gern ein Kind gehabt, aber das Wünschen half nichts, sie bekam keins. Einmal sagte sie zu ihrem Mann: „Ich wär' schon zufrieden, wenn ich eine Maus zum Kind hätte oder ein Hündchen! Wenn ich es nur liebhaben und aufziehen dürfte!"

Im nächsten Jahr bekam sie wirklich ein Kind, es war aber ein kleines rosenrotes Ferkel. Als die Mutter das kleine Schweinchen sah, streichelte sie es und sagte: „Ich will dich liebhaben. Du bist nun einmal mein Kind!"

Weil Mutter und Vater das Kind liebhatten, auch wenn es nur ein rosenrotes Ferkelchen war, dachten die Nachbarn: So ein lustiges kleines Ferkel, man wird froh, wenn man es nur ansieht. Kein Wunder, wenn Vater und Mutter es liebhaben.

Als die anderen Kinder, die gleich alt wie das Ferkelchen waren, zur Schule gingen, durfte das Ferkel nicht mit. Da kränkte es sich sehr. Es saß immerzu neben der Mutter und wimmerte und quiekte.

Auch die Mutter kränkte sich und dachte: Warum kann mein Kind nicht auch zur Schule gehen?

Als die Nachbarinnen sahen, wie das Ferkelchen sich kränkte, sagten sie zur Mutter: „Warum läßt du dein Ferkelchen nicht zur Schule gehen, liebe Nachbarin? Es möchte doch so gern!" Und die Frauen redeten der Mutter so lange zu, bis sie ihr Ferkelchen auch zur Schule schickte. Als es in die Klasse kam, quiekte es sofort den Lehrer an.

Der Lehrer mußte lachen und gab dem Rotferkelchen ein Buch. Das hättet ihr sehen sollen, wie das Ferkelchen gleich still war und sich hinsetzte und zu buchstabieren anfing! Es schob seinen kleinen Rüssel von einem Buchstaben zum anderen, und es lernte lesen.

Einmal wollten die Kinder in den Wald gehen, um Erdbeeren zu suchen. Das Rotferkelchen wollte mitgehen, aber die Mutter sagte:

„Erdbeerenpflücken kann Ferkelchen nicht!
Bist mein armer kleiner Wicht!"

Als die anderen Kinder vorbeigingen mit ihren Erdbeerkörbchen, jammerte und quiekte Ferkelchen. „Gebt ihm doch auch ein Körbchen!" sagten die Nachbarinnen zu den Kindern. Da hängten die Kinder dem Rotferkelchen ein Körbchen über den kleinen Rüssel.

Unter den Kindern war der Nachbarjunge, zu dem sagte die Mutter: „Bitte, gib acht auf mein Ferkelchen!"

Die Kinder nahmen Rotferkelchen mit in den Erdbeerwald. Wie sie so gingen, blieb Rotferkelchen ein wenig zurück und zog die Ferkelhaut aus. Und als es die Ferkelhaut ausgezogen hatte, war es ein wunderschönes Mädchen. Rasch pflückte es sein

Körbchen voller Erdbeeren und zog die Ferkelhaut wieder an. Der Nachbarjunge hatte alles das bemerkt, sagte aber nichts darüber. Die anderen Kinder wunderten sich, daß Rotferkelchen so viele Erdbeeren gesammelt hatte. Sie gingen heim und brachten die Erdbeeren ihren Eltern. Auch Rotferkelchen brachte sein Körbchen, und die Mutter fragte den Nachbarjungen: „Wer hat denn die Erdbeeren für mein Ferkelchen gepflückt?"

„Rotferkelchen selber!" antwortete der Junge, und mehr verriet er nicht.

Als die Kinder herangewachsen waren, kamen die Burschen am Abend zu den Mädchen an die Hausbank, um mit ihnen zu plaudern. Der Nachbarjunge kam jeden Abend zu Rotferkelchen, setzte sich neben das Ferkelchen und streichelte es. Einmal küßte er es auf den kleinen rosa Rüssel. Da gab ihm das Rotferkelchen mit seinem kleinen rosa Rüssel auch einen Kuß.

Die Eltern wunderten sich, daß der Bursche immer wieder kam, und eines Tages sagten sie zu ihm: „Komm nicht immer, Junge, das führt zu nichts. Du kannst Rotferkelchen ja doch nicht heiraten!"

„Doch!" sagte der Junge. „Eine andere nehm ich nicht!"

So bekam er das lustige kleine Rotferkelchen zur Braut, und dann heirateten sie.

Als sie geheiratet hatten, und es Abend wurde, erzählte der Junge alles seiner Mutter und sagte: „Wenn Ferkelchen schläft, reich ich dir die Ferkelhaut durch die Schlafzimmertür. Du mußt sie verbrennen, und dann ist Rotferkelchen erlöst."

Sobald Ferkelchen schlief, nahm der Junge die Ferkelhaut vom Stuhl und reichte sie seiner Mutter, und seine Mutter verbrannte die Haut. Am Morgen kam Rotferkelchen aus dem Schlafzimmer und war kein Ferkelchen mehr, sondern ein schönes Mädchen. Da wünschten alle Leute Glück und freuten sich.

Im Dorf war ein Bursch, der hat nie heiraten wollen, aber jetzt auf einmal wollte er. Er ging in den Stall zu seiner dicken Sau und fragte: „Willst du mich heiraten?" und wollte sie auf den Rüssel küssen. Die Sau aber zwickte ihn in die Nase, da ging er und dachte: „Naja, die ist eben kein Rotferkelchen!"

Die goldene Gans

Es waren einmal ein Mann und eine Frau, die hatten drei Söhne. Sie liebten die beiden Älteren sehr, der Jüngste aber konnte ihnen nie etwas recht machen, was immer er auch tat. Die Brüder nannten ihn Dummling und verspotteten ihn.

Einmal ging der Älteste in den Wald, um Holz zu hauen. Seine Mutter gab ihm einen ganzen Kuchen mit und eine Flasche Wein, damit er nicht Hunger und Durst litte. Als er in den Wald kam, begegnete ihm ein graues Männchen, das bat: „Gib mir ein Stück von deinem Kuchen und laß mich einen Schluck von deinem Wein trinken. Ich bin hungrig und durstig."

„Wenn ich dir etwas gebe, habe ich selber nicht genug", antwortete der Bursche und ließ das Männchen stehen.

Am nächsten Tag ging der zweite Sohn in den Wald. Auch ihm gab die Mutter einen ganzen Kuchen und eine Flasche Wein mit. Als der zweite Sohn in den Wald kam, stand das graue Männchen da und bat wieder: „Gib mir ein Stück von deinem Kuchen, und laß mich einen Schluck von deinem Wein trinken. Ich bin hungrig und durstig."

„Wenn ich dir etwas gebe, habe ich selber nicht genug", antwortete auch der zweite Sohn.

Am dritten Tag ging der Jüngste in den Wald. Ihm gab die Mutter nur ein Stück Brot und eine Flasche Wasser mit. Als der Jüngste in den Wald kam, erwartete auch ihn das graue Männchen und bat: „Gib mir ein Stück von deinem Kuchen und laß mich einen Schluck von deinem Wein trinken. Ich bin hungrig und durstig."

„Ich habe nur Wasser und ein Stück Brot", antwortete der Junge. „Aber das will ich gern mit dir teilen."

Der Junge setzte sich ins Moos, das graue Männchen setzte sich zu ihm, und dann aßen sie das Stück Brot und tranken Wasser dazu. Als sie satt waren, sprach das graue Männchen: „Siehst du den alten Baum dort? Hau ihn um! In den Wurzeln wirst du etwas finden, das dir Glück bringt."

Dann verabschiedete sich das Männchen, und der Junge ging

zu dem Baum hin und fällte ihn. Wie der Baum fiel, saß in den Wurzeln eine Gans, die hatte Federn von Gold. Der Junge hob die Gans heraus und nahm sie in die Arme. Er streichelte das glänzende Gefieder, und die goldene Gans schnatterte zutraulich.

Da dachte der Junge: Meine Eltern haben mich nicht lieb, und meine Brüder verspotten mich. Nun habe ich eine goldene Gans, und das graue Männchen sagte, sie würde mir Glück bringen. Ich will in die Welt ziehen und mein Glück suchen.

Er ging mit der Gans aus dem Wald und wanderte den ganzen Tag. Abends kam er zu einem Wirtshaus, dort blieb er über Nacht. Der Wirt hatte aber drei Töchter, die sahen die Gans und hätten gern eine von den goldenen Federn gehabt. Als der Junge am nächsten Morgen einmal aus der Wirtsstube ging, faßte die älteste Wirtstochter die Gans am Flügel. Kaum hatte sie die goldenen Federn berührt, blieb ihre Hand daran hängen, und sie konnte sich nicht freimachen. Bald danach kam die zweite Wirtstochter, sah die Schwester bei der Gans und wollte sie wegziehen. Wie sie aber ihre Schwester berührte, hing auch sie fest. Endlich kam die dritte Wirtstochter. Da schrien die beiden anderen: „Bleib weg! Bleib weg!" Die dritte glaubte, ihre Schwestern wollten ihr keine der goldenen Federn gönnen, griff zu und klebte auch fest.

Als der Junge in die Wirtsstube zurückkam und seine goldene Gans nahm, sah er die drei Wirtstöchter daran hängen.

„Ich will mir die Welt anschauen", sagte er. „Wenn ihr an meiner goldenen Gans festklebt, müßt ihr eben mitkommen."

Was blieb den drei Wirtstöchtern übrig, als hinter dem Jungen herzulaufen? Wie sie durchs Dorf gingen, trat der Bürgermeister aus seinem Haus. „So was!" rief er. „Warum lauft ihr hinter einem fremden Jungen her?" Er nahm die Jüngste an der Hand und blieb gleichfalls hängen und mußte mitlaufen.

Das sah die Frau Bürgermeisterin, die aus dem Fenster schaute. „Lieber Mann, was fällt dir ein!" rief sie und rannte aus dem Haus und hinterdrein. Kaum aber hatte sie ihren Mann am Arm gepackt, konnte auch sie nicht mehr loskommen. „Helft uns doch! Helft uns doch!" schrie sie.

Sie schrie so laut, daß der Bäcker, der Rauchfangkehrer und der Schullehrer herbeigestürzt kamen. Und schon klebten auch diese drei fest.

Der Junge aber kümmerte sich nicht darum, pfiff sich ein Lied und marschierte drauflos, die Gans im Arm. Hinter ihm marschierten die drei Wirtstöchter, der Bürgermeister, die Bürgermeisterin, der Bäcker, der Rauchfangkehrer und der Schullehrer.

Der Junge marschierte aus dem Dorf hinaus und auf der Landstraße dahin. Da kam ein Bauer und führte einen Esel am Strick. Als er die seltsame Gesellschaft sah, schmunzelte er und fragte:

„Wohin des Weges, liebe Freunde?" Dabei schlug er dem Schullehrer auf die Schulter, und das hätte er nicht tun sollen, denn nun mußten auch er und sein Esel mitwandern. Und so waren sie ihrer Neune und ein Esel noch dazu, die der goldenen Gans nachzogen.

Der Junge wanderte weiter, bis er in eine Stadt kam. In der Stadt lebte ein König. Seine Prinzessin Tochter hatte noch nie im Leben gelacht, und darüber kränkte der König sich sehr. Überall im Land hatte er verkünden lassen: „Wer meine Tochter zum Lachen bringt, soll sie heiraten!"

Der Junge ging durch die Stadt und kam vor das Schloß. Dort stand die Königstochter auf dem Balkon und erblickte den Jungen mit der goldenen Gans, und hinterdrein liefen ihrer Neune und ein Esel noch dazu. Da konnte die Königstochter nicht anders und lachte laut heraus.

Der König ließ den Jungen ins Schloß rufen und sagte zu ihm: „Ich habe versprochen, meine Tochter dem zur Frau zu geben, der sie zum Lachen bringt. Nun sollst du mein Schwiegersohn werden."

Weil der Junge nun sein Glück gefunden hatte, wurden die drei Wirtstöchter frei, der Bürgermeister und die Bürgermeisterin wurden frei, der Bäcker, der Rauchfangkehrer, der Schullehrer und der Bauer und der Esel. Bevor sie heimgingen, durften sie bei der Hochzeit mitfeiern.

Die goldene Gans aber flog in den Wald zurück und schlüpfte unter die Wurzeln eines dicken Baumes. Dort sitzt sie und wartet, bis einer kommt, dem sie Glück bringen kann.

Der Zauberkrug

Es war einmal ein Mädchen, das mußte der Köchin in der Küche helfen und Holz holen und Wasser schleppen.

Einmal ging es zum Brunnen um Wasser, und da fiel ihm der Krug in den Brunnen und zerbrach. Das Mädchen setzte sich an den Brunnenrand und weinte. Mit einemmal hörte es leise Tritte, und als es aufsah, erblickte es eine Fee am Brunnenrand.

„Warum weinst du?" fragte die Fee das Mädchen.

„Mir ist der Krug in den Brunnen gefallen und zerbrochen", sagte das Mädchen. „Die Köchin wird mich gewiß schlagen!"

„Weine nicht mehr, Mädchen", sagte die Fee am Brunnenrand. Sie bückte sich und hob den Krug aus dem Brunnen, und da war er wieder ganz. Und wie das Mädchen den Krug glücklich ansah, merkte es, daß der Krug auf einmal Arme und Beine hatte.

„Der Krug wird jetzt immer dein Freund sein", sagte die Fee. Dann tauchte sie wie ein lichter Nebel in den Brunnen hinunter und verschwand.

Das Mädchen nahm den Krug an der Hand, und so gingen sie

mitsammen nach Hause. Als sie daheim angekommen waren, verschwanden die Ärmchen und Beinchen, und der Krug sah wieder aus wie ein gewöhnlicher Krug.

Am nächsten Morgen ging das Mädchen in aller Frühe in die Küche. Da sah es den Krug geschäftig hin und herlaufen, die Asche aus dem Herd fegen, Holz tragen und Feuer machen und den Kessel aufsetzen.

Und von nun an war es immer so. Der Krug blieb dem Mädchen ein treuer Freund und half ihm und regte die Ärmchen und Beinchen. Wenn aber jemand anderer in die Küche kam, sah der Krug aus wie ein gewöhnlicher Krug.

Das Kännchenmännchen

Es war einmal ein Männchen,
das trug ein Kaffeekännchen.
Das Männchen war klein,
das Kännchen war klein.
Das Männchen schenkte ein Täßchen voll ein.
Dann trug das Männchen das Kännchen hinaus,
und damit ist die Geschichte aus.

Das wunderbare Kätzchen

Es war einmal eine alte Frau, die lebte mit ihren Enkelkindern in einer kleinen Hütte am Waldesrand. Sie hatte eine Ziege und ein paar Hühner. Weil die Kinder noch klein waren, mußte die alte Großmutter die meiste Arbeit alleine tun.

An einem Wintertag ging sie in den Wald und sammelte Reisig. Es schneite, und es war bitterkalt. Der Großmutter fror der Atem vor dem Mund. Da sah sie plötzlich neben einem Baumstumpf ein schneeweißes Kätzchen sitzen, das vor Kälte zitterte.

Die Großmutter hob das Kätzchen auf, wickelte es in ihr Umhängtuch und trug es heim. „Wir haben selber nicht viel", sagte sie zu dem Kätzchen, „aber ein Schluck Milch wird immer für dich da sein. Mäuse im Stall kannst du dir selber fangen, und am Herd ist es warm. Dort kannst du schlafen."

Als die Großmutter mit dem schneeweißen Kätzchen heimkam, freuten sich die Kinder sehr; sie streichelten es und spielten mit ihm. Die Großmutter ging in den Stall und molk den Kindern und der Katze jedem ein Schüsselchen voll Milch. Von diesem Tag an waren die Kinder und das Kätzchen immerzu beieinander.

Eines Morgens war das Kätzchen fort. Die Kinder suchten und suchten, aber sie fanden es nicht.

Am Herd jedoch, wo das Kätzchen immer geschlafen hatte, lag ein Knäuel feiner Wolle. Daraus könnte ich warme Mützen für die Kinder stricken, dachte die Großmutter.

Sie strickte warme Mützen, und dann strickte sie noch Fäustlinge und Schals und Jäckchen. Und der Wollknäuel des Kätzchens wurde nie kleiner, soviel die Großmutter auch strickte.

Die Bienenkönigin

Es waren drei Brüder, von denen wollten die zwei älteren in die Welt hinausziehen und Abenteuer erleben. Sie kauften sich jeder ein Schwert, und dann zogen sie fort. Den dritten Bruder aber, den jüngsten, ließen sie daheim.

Eines Tages zog auch der Jüngste aus, und es dauerte nicht lange, da hatte er seine Brüder gefunden. „Da ist ja unser Kleiner!" riefen sie. „Was willst denn du hier?"

„Ich wollte wissen, wie es euch geht", antwortete der jüngste Bruder. „Unser alter Vater kränkt sich fast zu Tode, weil er, seit ihr fortgezogen seid, nichts mehr von euch gehört hat. Wollt ihr nicht mit mir heimkommen und ihn besuchen?"

„Gut", riefen die zwei älteren, „wir werden dich nach Hause bringen, Brüderchen! Sonst passiert dir noch was!" Und sie fingen an, mit ihrer Tapferkeit und ihren kühnen Taten zu prahlen.

Auf dem Weg nach Hause kamen die drei Brüder an einen Ameisenhaufen. Da wollten die zwei älteren mit ihren Schwertern in den Haufen hineinstochern und schauen, wie die Ameisen ängstlich herumkröchen und die Eier fortschleppten. Der Jüngste aber sagte: „Laßt die Ameisen in Ruhe! Ich erlaube nicht, daß ihr sie stört!"

Bald darauf kamen sie zu einem Ententeich. Die zwei älteren Brüder warfen mit Steinen nach den Enten, aber der Jüngste rief: „Laßt doch die Enten in Frieden!"

Endlich kamen die drei Brüder zu einem Baum, darin war ein Bienennest. Die zwei älteren wollten Feuer an den Baum legen und die Bienen ausräuchern, damit sie den Honig nehmen könnten. Der Jüngste aber sagte: „Laßt die Bienen in Frieden! Ich erlaube nicht, daß ihr sie verbrennt!"

Nicht lange danach kamen die drei Brüder an ein Schloß. Am Schloßtor hing eine Tafel, darauf stand:

> Sammle tausend Perlen ein!
> Fehlt auch eine nur allein,
> wird, der sie gesucht, zu Stein.
> Liegt im See ein Schlüsselein,
> hol es, bist du nicht aus Stein!
> Schlüssel sperrt ein Kämmerlein.
> Kenn' die rechte Braut von drei'n,
> dann ist die Prinzessin dein,
> und du wirst ihr König sein!

„Das ist gerade das richtige Abenteuer für uns!" sagten die zwei älteren Brüder.

Gleich ging der Älteste die tausend Perlen zu suchen. Perlen lagen im Moos neben dem Schloßtor, Perlen glitzerten im Gras, und Perlen blinkten zwischen den Baumwurzeln im Wald. Der älteste Bruder suchte den ganzen Tag, aber als der Abend kam, hatte er erst hundert Perlen gefunden. Da geschah ihm, wie es auf der Tafel stand: er wurde zu Stein. Am zweiten Tag ging der mittlere Bruder aus, um die tausend Perlen zu suchen. Er fand aber nur zweihundert und ward am Abend zu Stein.

Am dritten Tag suchte der Jüngste die tausend Perlen, aber er fand nur ganz wenige. Da kam der Ameisenkönig mit fünftausend Ameisen und sagte: „Du hast uns das Leben gerettet, jetzt wollen wir dir helfen!" Emsig suchten die Ameisen nach den Perlen und trugen sie auf ein Häuflein zusammen. Immer je fünf Ameisen schleppten eine Perle. Bald waren es tausend Perlen, und es war noch nicht einmal Mittag.

Da ging der Junge zum See, den Schlüssel zu suchen.

Der See war tief und voller Schlinggewächs. Der Junge wußte nicht, was er tun sollte, und setzte sich traurig ans Ufer. Plötzlich kamen die Enten geflogen, die er vor den Steinwürfen der Brüder beschützt hatte. Sie tauchten in den See, und bald darauf kam eine Ente mit dem Schlüssel im Schnabel geschwommen.

Nun ging der Junge ins Schloß und fand die Tür, in die der Schlüssel paßte. Er schloß auf und trat ein. In der Kammer saßen drei Prinzessinnen und schliefen. Sie waren alle gleich gekleidet, und übers Gesicht trug jede einen dichten Schleier. Wie hätte der Junge die rechte Braut herausfinden können?

Vor dem Einschlafen aber hatte die älteste Prinzessin einen Löffel Sirup gegessen. Die mittlere Prinzessin hatte einen Löffel Zucker gegessen. Die jüngste Prinzessin aber hatte einen Löffel Honig gegessen. Und die jüngste Prinzessin war die rechte Braut für den Jungen.

Wie er dastand und sich nicht zu helfen wußte, kam die Königin der Bienen geflogen, die der Junge vor dem Feuer beschützt hatte. Sie suchte die Prinzessin, die Honig gegessen hatte, und setzte sich auf ihre Lippen. So erkannte der jüngste Bruder die rechte Braut.

Da war der Zauber vorbei, und das Schloß war erlöst. Wer von Stein war, wurde wieder ein Mensch. Der jüngste Bruder heiratete die jüngste Prinzessin und wurde König. Seine zwei Brüder heirateten die beiden anderen Schwestern. Den alten Vater aber holten sie aufs Schloß, und sie lebten alle glücklich und zufrieden.

Die Eule und das Rebhuhn

Einmal kamen alle Vögel zusammen und erzählten einander ihre Sorgen. Der eine Vogel beschwerte sich über dies, der andere über das. Aber einen Kummer hatten sie alle: Sie konnten nicht lesen und nicht schreiben, und ihre Kinder auch nicht.

„Wir müssen unsere Kinder zur Schule schicken!" sagte ein Vogel.

Damit waren alle anderen Vögel einverstanden, und noch am gleichen Tag schickten sie ihre Kinder zur Schule.

Ein paar Tage später hatten einige Vogelkinder ihre Aufgaben nicht gelernt.

„Ihr müßt hierbleiben und eure Aufgaben lernen", sagte der Lehrer. Und er ließ die Vogelkinder nachsitzen, und sie hatten kein Mittagessen. Eines der Kinder war das Kind der Eule.

Als das Eulenkind nicht heimkam, sagte die Eule: „Aha, es muß nachsitzen! Das arme Kind! Es hat nichts zu essen! Ich werde ihm etwas zu essen bringen."

Unterwegs traf die Eule das Rebhuhn. Auch das Rebhuhn war unterwegs, um seinem Kind das Mittagessen zu bringen.

„Ach, liebe Frau Nachbarin", sagte das Rebhuhn zur Eule. „Nimm bitte das Essen für mein Kind zur Schule mit! Ich habe heute so viel zu tun."

„Gern!" sagte die Eule. „Aber ich kenne dein Kind nicht."

„Mein Kind ist leicht zu erkennen", sagte das Rebhuhn. „Es ist das allerschönste Kind in der ganzen Schule."

Die Eule flog also zur Schule und gab ihrem Eulenkind das Mittagessen. Dann suchte sie das Rebhuhnkind, aber sie fand es nicht. Da flog die Eule fort und brachte das Mittagessen für das Rebhuhnkind der Rebhuhnmutter zurück.

„Es tut mir leid", sagte sie, „aber ich habe dein Kind nicht finden können, Frau Nachbarin Rebhuhn. Ich suchte und suchte, aber in der ganzen Schule war nur ein allerschönstes Kind, und das war meines!"

Die gescheite Braut

Ein Vater hatte eine Tochter. Eines Tages kamen zwei junge Männer, und jeder wollte das Mädchen heiraten.

„Ich möchte keinen von euch kränken", sagte der Vater. „Alle zwei könnt ihr sie aber nicht haben! Wenn ich meine Tochter einen von euch wählen lasse, ist der andere vielleicht beleidigt. Wie machen wir das nur?"

„Stell uns eine Aufgabe", sagten die jungen Männer. „Wer sie besser löst, der soll deine Tochter haben, und der andere wird nicht gekränkt sein."

„Versprecht ihr das?" fragte der Vater.

„Wir versprechen es", antworteten die jungen Männer.

Da sagte der Vater: „Jeder von euch soll ein Gewand für sich nähen. Wer am schnellsten damit fertig ist, soll die Braut haben. Meine Tochter wird euch selber die Nadeln einfädeln."

Sie setzten sich hin und nähten, und die Tochter fädelte die Nadeln ein. Weil sie aber den einen der jungen Männer lieber hatte als den anderen, fädelte sie ihm kurze Fäden in die Nadel. Bei dem anderen nahm sie immer einen ganz langen Faden. Bis der lange Faden einmal durchgezogen war, hatte der junge Mann mit dem kurzen Faden schon ein paar Stiche genäht.

Er wurde als erster mit dem Gewand fertig, und die Braut bekam den jungen Mann, den sie lieber hatte. Als sie schon zwölf Kinder hatten, erzählte sie ihrem Mann einmal, wie es damals bei der Näherei zugegangen war. Da umarmte er sie und sagte: „Was habe ich doch für eine gescheite Frau!"

Hans auf der Bohnenranke

Ein Schneider und seine Frau wohnten in einer armseligen Hütte. Sie hatten ein Bett, einen Tisch und eine Bank, einen Suppenkessel und drei Blechteller, drei Blechlöffel und eine Ziege. Einen Sohn hatten sie auch, der hieß Hans und war ein Träumer.

Eines Tages sagte der Schneider zu seinem Jungen: „Wir haben kein Geld mehr und nichts zu essen, und die Ziege ist alles, was wir verkaufen können. Treib sie auf den Markt, und schau, daß du einen guten Handel machst!"

Hans band die Ziege an einen Strick und führte sie fort. Auf dem Weg zum Markt begegnete ihm ein graues Männchen. „Hans", sagte das graue Männchen, „hier hast du drei Bohnen! Gib mir dafür die Ziege!"

Drei Bohnen für eine Ziege? dachte Hans. Das müssen ganz besondere Bohnen sein!

Er nahm die drei Bohnen und gab dem Männchen die Ziege. Als er heimkam, schalt ihn der Vater, und abends mußte Hans hungrig zu Bett gehen. Bevor er sich aber schlafen legte, grub er die drei Bohnen unterhalb der Dachtraufe in die Erde. Am nächsten Morgen war das Dach voller Bohnenranken, und darüber hinaus wuchsen die Bohnen in den Himmel hinein. Wenn das keine besonderen Bohnen waren!

Hans kletterte die Bohnenranken hinauf, immer höher, bis er das Häuschen unten nicht mehr sah. Oben blies der Wind, und die Wolken segelten an ihm vorbei. Er kletterte immer weiter, und da war plötzlich eine breite Straße, und an der Straße stand ein Haus.

Hans ging hin, klopfte an und trat ein. Da stand eine Frau am Herd und briet ein ganzes Kalb. Der Bratenduft stieg Hans in die Nase, und sein Magen begann zu knurren.

Die Frau gab ihm einen vollen Teller. „Iß!" sagte sie. „Aber beeil dich! Mein Mann, der Riese, wird gleich heimkommen, und er darf dich hier nicht finden."

Hans aß und beeilte sich, aber bevor er fertig war, hörte er draußen die Schritte des Riesen. „Schnell in den Waschkessel!" rief die Frau. Hans kroch in den Waschkessel, und die Frau legte den Deckel darüber.

Der Riese kam herein, schnupperte und sprach: „Hier riecht es nach Mensch!"

„Wie soll denn ein Mensch hier heraufkommen?" sagte die Frau. Der Riese aber brummelte und suchte überall, sogar unter dem Bett, nur in den Waschkessel schaute er nicht. Die Frau brachte ihm schnell etwas zu essen, ein ganzes Kalb und drei Brote und eine halbe Wagenladung voll Kartoffeln. Da war der Riese zufrieden, aß und wurde schläfrig.

„Bring die goldene Harfe", murmelte er. „Sie soll mich in den Schlaf spielen."

Die Frau brachte eine goldene Harfe und sagte: „Harfe, spiel!" Da spielte die Harfe von ganz allein wunderschöne Lieder, und der Riese schlief ein.

Hans guckte aus dem Waschkessel und staunte. Er kletterte heraus und zupfte an der Harfe, und die Harfe spielte plötzlich ganz laut. Da erwachte der Riese, brüllte entsetzlich und wollte

Hans packen. Hans aber rannte zu seiner Bohnenranke und kletterte hinunter. Oben stand der Riese und dachte: So eine dünne Ranke trägt einen Riesen nicht! Er kehrte um und polterte ins Haus zurück.

Hans kam unten an und sagte: ,,Vater, ich habe an einer goldenen Harfe gezupft, das war schön!" Der Vater antwortete: ,,Ja, mein Sohn, ich hab's gehört, aber satt sind wir alle drei nicht davon geworden."

Da fiel es Hans schwer aufs Herz, daß er sich sattgegessen und nicht an die Eltern gedacht hatte. Also kletterte er wieder an den Ranken in den Himmel hinauf. Er wagte nicht anzuklopfen, sondern wartete, bis die Frau aus dem Haus ging; dann schlüpfte er hinein und versteckte sich im Ofenloch.

Nicht lange danach kam der Riese und schnupperte überallhin, nur ins Ofenloch steckte er seine Nase nicht. Dann setzte er sich an den Tisch, zog einen Sack voller Goldstücke heraus und begann sie zu zählen. Es flimmerte Hans vor den Augen. Er stieg aus dem Ofenloch, trat vor den Riesen hin und sagte: „Schenkst du mir den Goldsack, wenn ich damit schneller bei der Bohnenranke bin als du?"

Der Riese schaute den kleinen Menschenjungen an und lachte dröhnend. „Die Wette gilt!" brüllte er. „Wenn du aber verlierst, freß ich dich auf!"

„Die Wette gilt!" antwortete Hans. Heimlich schnitt er ein Loch in den Goldsack, dann nahm er ihn auf die Schulter und rannte los. Da rannen Goldstücke aus dem Sack, den ganzen Weg zur Bohnenranke hin. „Dummer Junge, du verlierst ja alles!" brummte der Riese, bückte sich nach jedem Goldstück und hob es auf. So war Hans schneller als der Riese bei der Bohnenranke, und der Sack war doch noch halb voll. Hans warf den Sack hinunter und kletterte nach.

Als der Riese bei der Bohnenranke ankam, zerrte er voll Zorn daran und riß sie aus. Hans war noch zwei Meter über dem Erdboden, er purzelte hinunter und schlug sich die Nase blau. Das Gold aber hatte er gewonnen, und er machte seinen Eltern und sich gute Tage.

Der Riese zog die Bohnenranke hoch und sagte: „Jetzt kann er nicht mehr heraufklettern, der Wicht!"

Die Geschichte vom langen und vom kurzen Namen

Einem Mann war die Frau gestorben und hatte ihm einen kleinen Sohn hinterlassen. Einige Zeit später heiratete der Mann wieder und bekam von der neuen Frau auch einen Sohn.

Die neue Frau hatte nur ihr eigenes Kind lieb. Das Kind der anderen hätte sie am liebsten tot gewünscht. Und sie dachte: Ich werde ihn Kori-san rufen, das ist ein kurzer Name. Irgendwer hat mir erzählt, daß Leute mit einem kurzen Namen auch ein kurzes Leben haben.

Weil sie aber wollte, daß ihr eigener Sohn ein sehr langes Leben haben sollte, rief sie ihn: Oniyudo-koniyudo-mappi-raniyudo - hiranyudo - heitoko - heiganoko - hemetani - kemata-itogiri - otogiri - matanogirika - schikischiko - heijanani - temoku-mokiduno - eisuduno - sukusaki.

Als die beiden Jungen einmal am Bach spielten, fiel Kori-san hinein. Der Nachbar sah es von weitem und schrie:

„Kori-san ist in den Bach gefallen!"

Kori-sans Vater hörte das, rannte zum Bach und zog Kori-san heraus.

Ein anderes Mal fiel der jüngere Bruder ins Wasser, und der Nachbar schrie: „Oniyudo-koniyudo-mappi-raniyudo-hiranyudo - heitoko - heiganoko - hemetani - kemata - itogiri - otogiri - matanogirika - schikischiko - heijanani - temoku - mokiduno - eisuduno-sukusaki ist in den Bach gefallen!"

Der kleine Junge im Wasser schrie, aber die Eltern hörten es nicht, weil der Nachbar noch lauter schrie. Und weil der Name des kleinen Jungen so lang war, dauerte es sehr lange, bis der Nachbar damit fertig war, und die Eltern endlich erfuhren, was mit dem Kind geschehen war.

Sie rannten zum Bach. Dort stand Kori-san halb im Wasser und hielt seinen kleinen Bruder fest, damit der Bach ihn nicht fortriß.

Wäre der Name noch länger gewesen, wer weiß, was dann geschehen wäre.

So aber wurde der Kleine gerade noch gerettet. Die Mutter streichelte und küßte ihn, und dann streichelte und küßte sie auch Kori-san und rief weinend: „Jetzt müssen wir uns einen ganz langen Namen für dich ausdenken, damit du recht lang lebst!"

„Er kann meinen Namen haben", sagte der jüngere Bruder. „Ich will keinen so langen Namen! Ich möchte auch einen so kurzen haben wie Kori-san!"

„Gut", sagte der Vater, „dann nennen wir dich Oniyudo."
„Und morgen Koniyudo", sagte die Mutter.
„Und übermorgen Mappi", sagte Kori-san.
„Und überübermorgen Raniyudo!" rief der jüngere Bruder.
„Und so weiter! Jeden Tag ein Stück von meinem langen Namen."

„Und wenn wir damit fertig sind, fangen wir wieder von vorne an", sagte Kori-san. „Und ich will immer nur Kori-san heißen, das ist mir gerade recht."

Sprach der Herr Dienstag

Guten Tag, Herr Montag,
sprach Herr Dienstag.
Sagen Sie Herrn Mitwoch,
er soll am Donnerstag
zu Herrn Freitag gehen
und ihn fragen,
ob Herr Samstag
am Sonntag zum Mittagessen kommt.

Das neue Röckchen

Es war einmal ein Kind, das wünschte sich ein neues Röckchen, weil ihm sein altes zu klein geworden war.

Jeden Tag sagte die Mutter: „Morgen will ich dir ein neues Röckchen nähen!" Aber wenn der nächste Tag kamm hatte die Mutter nie Zeit.

Da dachte das Kind: Ich gehe fort! Vielleicht finde ich eine andere Mutter, die mir ein neues Röckchen näht!

Das Kind ging und kam in einen Wald. Durch den Wald führte ein Weg. Als es eine Weile darauf gegangen war, kam es zu einem

Spinnennetz, das war quer über den Weg gespannt. Das Kind blieb stehen und sah die Spinne hin und her laufen und an ihrem Spinnennetz weben.

„Wie schön die Spinne das Netz webt", sagte das Kind. „Wie die Fäden schimmern! Ich muß aufpassen, daß ich das Netz nicht zerreiße!" Und es ging vorsichtig um das Spinnennetz herum und zerriß es nicht.

Da sagte die Spinne: „Viele Leute sind hier schon vorübergegangen und haben mein Netz zerrissen. Manche haben es nicht bemerkt, manche haben es aus Spaß zerstört. Vielen Dank, kleines Mädchen!"

Das Kind ging weiter und kam zu einem Busch, unter dem lag ein Vogeljunges, das war aus dem Nest gefallen. Da lag es nun und piepste jämmerlich. Das Kind hob den kleinen Vogel auf und legte ihn ins Nest zurück.

Wieder ging das Kind weiter und kam an den Waldrand. Am Waldrand stand das Gestrüpp dicht. Dornenranken fingen das Kind an seinem Röckchen ein und hielten es fest. Und als es sich losmachen wollte, zerriß das alte Röckchen, und das Kind fing an zu weinen.

Auf der Wiese vor dem Wald weidete ein kleines Lamm. Es lief herbei und sagte zu den Dornenranken: „Schämt ihr euch nicht, einem kleinen Mädchen sein Röckchen zu zerreißen?"

„Es tut uns leid", sagten die Dornranken. „Aber wenn du dem Mädchen von deiner Wolle schenkst, werden wir die Wolle kämmen, und es kann sich daraus ein neues Röckchen weben."

„Gut", sagte das Lamm. Es lief ein paarmal um das Dorngestrüpp herum, und etwas von seiner Wolle blieb an den Dornen hängen. Das Kind zupfte die Wollflöckchen von den Dornranken, und die Wolle war sehr schön gekämmt.

„Danke", sagte das Kind und lief voller Freude heimzu.

Unterwegs aber fiel ihm ein, daß die Mutter ganz gewiß keine Zeit hatte, aus der Wolle ein Röckchen zu weben und zu nähen, und es wurde wieder traurig.

Als es zu dem Busch kam, in dem das Vogelnest war, rief die Vogelmutter: „Warum bist du so traurig, kleines Mädchen?"

„Ich habe mir mein Röckchen zerrissen", sagte das Kind. „Das Lämmchen hat mir Wolle geschenkt, und die Dornranken haben die Wolle gekämmt. Aber meine Mutter hat gewiß keine Zeit, mir daraus ein neues Röckchen zu weben und zu nähen."

„Du hast mein Kind gerettet", sagte die Vogelmutter. „Dafür will ich dir die Wolle spinnen."

Sie nahm die Wolle in ihren Schnabel und stieg hoch hinauf in die Luft. Da wurde aus der Wolle ein langer, langer Faden. Beim Herunterfliegen wickelte die Vogelmutter den Faden zu einem schönen Knäuel auf.

„Danke", rief das Kind und lief weiter.

Als es zu dem Spinnennetz kam, sagte die Spinne: „Du hast mein Netz nicht zerstört, dafür will ich dir jetzt ein Röckchen weben und nähen."

Und die Spinne webte und nähte aus der Wolle ein neues Röckchen, das paßte dem Kind haargenau.

„Danke, liebe Spinne", sagte das Kind und hüpfte und sprang nach Hause.

Das Klötzlein

Es waren einmal zwei alte Leute, die hatten keine Kinder.

„Geh in den Wald, Großvater", sagte die alte Frau eines Tages. „Dort hack mir ein Klötzlein aus einem Baumstumpf und bring es heim. Ich will es wiegen und schaukeln, solange, bis ein Kindchen daraus wird!"

Der alte Mann ging in den Wald, hackte ein Klötzlein aus einem Baumstumpf und brachte es der alten Frau. Und die alte Frau wiegte das Klötzlein auf ihren Armen und sang dazu:

„Schlaf, mein Klötzlein, schlafe ein.
Bald wirst du ein Kindchen sein.
Ich koche dir den Haferbrei,
daß mein Kindchen kräftig sei."

Als die alte Frau hinsah, hatte das Klötzlein schon Füße. Sie sang weiter, und da hatte es mit einemmal Händchen. Und sie sang so lange, bis aus dem Klötzlein ein Kind geworden war. Da waren die Eltern froh und zogen das Söhnchen in aller Liebe auf.

Der kleine Iwan, wie das Klötzlein nun hieß, wuchs heran und ging mit dem Vater fischen. Eines Tages sagte der kleine Iwan:

„Vater, bau mir ein Boot aus Silber,
und schnitz mir ein Ruder aus Gold!"

Der Vater tat es, und der kleine Iwan fuhr in dem Silberkahn mit dem goldenen Ruder auf den Fluß hinaus und fischte. Mittags kam die Mutter ans Ufer und rief:

„Iwan, mein Söhnelein,
tauch dein goldnes Ruder ein!
Komm heim in deinem Silberkahn,
das Essen wird bald fertig sein!"

Da kam Iwan gefahren und hatte das Boot voller Fische. Jeden Tag fuhr er nun aufs Wasser hinaus und fischte.

Im Nachbardorf wohnte eine Hexe, die war den Eltern neidig um den kleinen Sohn. Einmal schlich sie zur Mittagszeit an den Fluß und rief den kleinen Iwan zum Essen. Aber weil sie eine rauhe Stimme hatte, merkte Iwan gleich, daß nicht seine Mutter ihn rief, und er sagte:

„Da ruft mich nicht die Mutter mein!
Darum fisch ich weiter!"

Die Hexe ging zum Schmied und ließ sich eine Stimme machen, genau wie Iwans Mutter sie hatte. Als sie nun mit dieser freundlichen Stimme rief, kam Iwan ans Ufer gefahren. Die Hexe packte ihn, schleppte ihn fort und warf ihn daheim in den dunklen Keller und schob den Riegel vor.

Der kleine Iwan saß im Loch und dachte nach, wie er herauskommen könnte. Da hörte er eine feine Stimme hinter der Kellertür sagen:

„Bist du wirklich ein Klötzlein gewesen,

und hat deine Mutter dich geschaukelt und gewiegt,
bis aus dem Klötzlein ein Kindchen geworden ist?"

Und die das sagte, war die kleine Tochter der Hexe.
Iwan antwortete:

„Ich bin ein Klötzlein gewesen.
Meine Mutter hat mich geschaukelt und gewiegt,
bis aus dem Klötzlein ein Kindchen geworden ist.
Mein Vater hat mir einen Kahn aus Silber gebaut
und ein Ruder aus Gold geschnitzt.
Und ich fange Fischlein für die Eltern,
damit sie satt werden."

Die Hexentochter sagte: „Ich möchte gern sehen, wie du aussiehst!"

Da antwortete Iwan:

„Mach die Tür auf,
dann kannst du mich sehen!"

Die Hexentochter schob den Riegel zurück und wollte den kleinen Iwan ansehen, aber Iwan sprang durch die offene Tür und kletterte auf den Ahornbaum.

Die kleine Hexentochter rief:

„Komm zurück, kleiner Iwan!
Meine Mutter wird mich nicht schaukeln und wiegen!
Wenn du fort bist, werde ich Schläge kriegen!"

Da rief Iwan zurück:

„Ich will mit den Gänsen nach Hause fliegen!
Kommst du mit?"

Die kleine Hexentochter kletterte flink auf den Ahornbaum. Der kleine Iwan streckte ihr die Hand entgegen und zog sie vollends hinauf. Schon kamen Gänse vorübergeflogen, und Iwan rief:

„Gänse, Gänse, kommt herbei!
Bringt uns zu Vater und Mutter!
Dann kriegt ihr Trank und Futter!"

Aber die Gänse schrien:

„Schnatter, Schnatter, Schnatter,
woandershin geht das Geflatter!"

Und sie flogen weiter.

Die Hexe hörte das Geschrei, kam gelaufen und sah die beiden Kinder im Ahornbaum. Weil sie nicht hinaufklettern konnte, holte sie eine Axt und wollte den Baum umhauen, aber die Axt zerbrach. Da lief die Hexe zum Schmied und kaufte einen ganzen Wagen voller Äxte und fuhr zu dem Baum zurück. Und sie hackte und hackte, aber eine Axt nach der anderen zerbrach an dem Ahornbaum.

Oben saßen die Kinder und riefen:

> „Gänse, Gänse, kommt herbei!
> Bringt uns zu Vater und Mutter!
> Dann kriegt ihr Trank und Futter!"

Wieder kamen Gänse geflogen, aber wieder schrien sie:

> „Schnatter, Schnatter, Schnatter,
> woandershin geht das Geflatter!"

Und die Hexe hackte und hackte. Sie konnte zwar den Baum nicht umhacken, aber die Wurzeln wurden locker, und der Ahornbaum begann sich zu neigen.

Wieder flogen Gänse vorbei, und als letzter flog diesmal ein großer weißer Gänserich. Er sah den Baum schwanken, flog herbei und ließ die Kinder aufsitzen. In diesem Augenblick stürzte der Baum um, aber es nützte der Hexe nichts mehr. Der Gänserich flog mit den beiden Kindern fort.

Er trug sie zu Iwans Vater und Mutter und setzte sie aufs Hausdach.

Die Eltern waren glücklich und gaben dem Gänserich zu fressen und zu trinken, so viel er nur wollte. Er blieb bei ihnen und wurde der Spielgefährte der beiden Kinder. Als der kleine Iwan und das Mädchen groß wurden, heirateten sie und hatten einander lieb, solange sie lebten.

Das kleine weiße Kamelfohlen

Es war einmal ein König, der hatte eine wunderschöne weiße Kamelstute. Die wunderschöne weiße Kamelstute hatte ein kleines weißes Kamelfohlen.

Eines Tages verkaufte der König die wunderschöne weiße Kamelstute an einen Händler, und der zog mit ihr fort in ein fremdes, fernes Land. Das kleine weiße Kamelfohlen aber mußte zurückbleiben, und da stand es, angebunden an einen Pflock. Und der Strick, mit dem das kleine weiße Kamelfohlen an den Pflock gebunden war, der Strick war ganz kurz. Das kleine weiße Kamelfohlen konnte immer nur auf dem selben kleinen Platz das Gras abrupfen. Es war hungrig und dachte an die gute fette Milch der wunderschönen weißen Kamelmutter und grämte sich fast zu Tode.

Wie es so dastand und sich grämte, kam ein altes Kamel daher und fragte: „Soll ich deinen Strick abknabbern, damit du frei bist?"

„Ach ja", sagte das kleine weiße Kamelfohlen.

„Aber wirst du auch so weit laufen können, bis du deine wunderschöne weiße Kamelmutter wiederfindest?"

„Ganz gewiß!" sagte das kleine weiße Kamelfohlen.

Da knabberte das alte Kamel den Strick durch, und das kleine weiße Kamelfohlen war frei. Wie es lief!

Bergauf lief es, und bergab stieg es vorsichtig mit seinen langen Beinen und achtete nur auf den Weg und sah die zwei Wölfe nicht.

„Wir werden dich fressen", sagten die zwei Wölfe. „Kamelfohlen schmecken gut."

Da sagte das kleine weiße Kamelfohlen: „Der König hat meine wunderschöne weiße Kamelmutter in ein fernes Land verkauft, und ich habe mich darüber fast zu Tode grämt. Da kam ein altes Kamel und hat meinen Strick abgenagt. Und jetzt laufe ich zu meiner Mutter. Aber wenn ihr mich fressen wollt, kann ich gar nichts tun."

Da sagten die Wölfe: „Wir müssen nicht dich fressen, wir können auch etwas anderes fressen. Lauf zu deiner wunderschönen weißen Kamelmutter!"

Und die zwei Wölfe ließen das kleine weiße Kamelfohlen laufen.

Das kleine weiße Kamelfohlen lief und lief. Das Gras wurde immer grüner und saftiger, und bunte Vögel sangen, und das war schön.

Die wunderschöne weiße Kamelstute aber hatte der Händler weiterverkauft, und sie gehörte nun einem bösen Herrn, der sie mit Ketten an den Beinen fesselte. Da stand sie, und rundherum war kein Gras, nur Sand, und Wasser zu trinken gab es auch nicht.

Sie legte sich in den Sand und dachte an ihr kleines weißes Fohlen und wollte vor Kummer sterben. Aber dann dachte sie wieder an ihr kleines weißes Fohlen und zerriß ihre Ketten und lief fort. Und lief und lief!

Und irgendwo traf sie ihr kleines Fohlen. Da waren sie wieder beieinander und suchten sich das grünste Gras und das beste, klarste Wasser auf einer Weide, wo es keine bösen Menschen gab, und dort lebten sie glücklich und in Frieden.

Bruder der Tiere

Es war einmal ein kleiner Indianerjunge, der ging in den Wald und fand den Weg nach Hause nicht mehr. Viele Tage irrte er umher und geriet immer tiefer hinein. Er aß Wurzeln und Beeren und trank aus Quellen und Bächen. Nachts schlief er im Moos.

Es wurde Winter und bitterkalt. Das Wasser fror zu Eis, die Erde wurde steinhart. Schnee fiel und hüllte alles ein. Der Indianerjunge fand nichts mehr zu essen. Er hatte kein Feuer, um sich daran zu wärmen. Da setzte er sich in den Schnee und weinte.

Die Tiere des Waldes sahen ihn und sagten voll Mitleid: „Wenn wir ihm nicht helfen, wird er verhungern und erfrieren. Was sollen wir tun?"

„Ich will den Jungen in meine Höhle nehmen", sagte der braune Bär. „Dort hat er es warm."

„Wir wollen für ihn jagen und ihm zu essen bringen", sagten der Wolf und der Fuchs, der Luchs und die wilde Katze, der Marder und das Wiesel.

„Ich will für ihn Fische fangen", sagte der Fischotter.

„Ich bringe ihm Nüsse", sagte das Eichhörnchen.

Der Bär nahm den Indianerjungen in seine Höhle. Die Höhle war so tief in der Erde, daß die Kälte nicht hineindringen konnte. Der Indianerjunge kuschelte sich an den Pelz des Bären und hatte es weich und warm.

Jeden Tag jagte ein anderes Tier für den kleinen Indianer. An einem Tag kam der Wolf und brachte Fleisch. Am nächsten Tag kam der Fuchs und brachte Fleisch. Dann kamen der Luchs und die wilde Katze, der Marder und das Wiesel.

Der Fischotter fing Fische.

Das Eichhörnchen brachte Nüsse.

Als es Frühling wurde, sandten die Tiere den Raben aus, die Eltern des kleinen Indianers zu suchen. Der Rabe flog über den Wald, hierhin und dorthin. Endlich fand er das Zelt, in dem die Eltern des Jungen lebten.

Da flog der Rabe zurück, und die Tiere führten den Indianerjungen durch den Wald heim. Sobald sie das Zelt zwischen den Baumstämmen erblickten, blieben sie stehen, und der Bär sagte:

„Im Winter, als du allein warst, haben wir dir Essen und Wärme gegeben. Nun sind wir deine Brüder. Vergiß das nicht!"

Die Tiere kehrten in den Wald zurück. Der Indianerjunge ging zu seiner Familie.

Solange er lebte, vergaß er nicht, daß die Tiere seine Brüder waren.

Die Sterntaler

Es war einmal ein kleines Mädchen, dem waren Vater und Mutter gestorben, und es war so arm, daß es kein Kämmerchen mehr hatte, darin zu wohnen, und kein Bettchen mehr, darin zu schlafen, und endlich gar nichts mehr als die Kleider auf dem Leib und ein Stück Brot in der Hand. Und weil es ganz verlassen war, ging es ganz allein in die Welt hinaus. An einem Feldrand begegnete ihm ein alter Mann. Der sprach:

„Kind, gib mir etwas zu essen, ich bin hungrig!"

Da freute sich das Kind, daß es doch etwas hatte, was es herschenken konnte, und es gab dem alten Mann sein Stück Brot.

Es dauerte nicht lange, da kam ein Kind, das hatte keine Mütze. Und das Kind sagte zu dem kleinen Mädchen: „Mich friert. Schenk mir deine Mütze!"

Da freute sich das Mädchen, daß es eine Mütze hatte, die es herschenken konnte.

Als das Mädchen eine Weile gegangen war, kam wieder ein Kind, das hatte kein Leibchen an. Da gab ihm das Mädchen sein Leibchen. Und ein wenig später kam ein Kind und wollte die warme Jacke haben. Da zog das Mädchen seine Jacke aus und gab sie dem Kind und ging weiter.

Es ging und ging, und es wurde dunkler, und das Mädchen gelangte zu einem Wald und ging hinein. Und bald war es Nacht. Da begegnete ihm noch ein Kind, das fror und bat um ein Hemd.

Das kleine Mädchen hatte nichts mehr als sein Hemd am Leibe, aber es dachte: Das Kind läuft schon lange im kalten

Wind ohne Hemd, und meines hat mich bis jetzt warm gehalten. Ich muß ihm mein Hemd geben!

Nun ging das kleine Mädchen durch den dunklern Wald und hatte nicht einmal mehr ein Hemd an. Es ging und wußte nicht wohin, aber es war nicht mehr ganz so verlassen. Wie es so ging, dachte es: Jetzt bin ich dran, daß mir einer was schenkt, denn jetzt hab ich wirklich nichts mehr!

Da fiel der Mondschein zwischen den Baumstämmen in einem breiten Streifen aufs Moos. Hier will ich schlafen, dachte das kleine Mädchen und legte sich in das Moosbett. Es lag da und schaute in den Himmel hinauf und fing an zu frieren.

Weil es immer mehr fror, stand es auf und streckte die Arme hoch und rief zum Himmel hinauf: „Mir ist kalt!"

Da fingen die Sterne zu schimmern und zu funkeln an, und dem kleinen Mädchen rieselte es über den Leib, als zöge ihm einer ein Hemdchen an, frisch und kühl, wie eben aus dem Schrank genommen. Es blickte an sich hinunter und sah, daß es wirklich ein Hemdchen anhatte. Und da klingelten die Sterne und klingelten und klingelten wie goldene Münzen, um die man sich was kaufen kann: Hemden und Jacken, Schuhe und Brot.

Und plötzlich fielen die Sterne vom Himmel herunter, und das kleine Mädchen sammelte sie in sein Hemdchen und war glücklich und hatte genug für sein Lebtag.

Das Hirtenbüblein

Es war einmal ein Hirtenbüblein, das konnte nicht schreiben und nicht lesen. Das Büblein lebte hoch auf dem Berg oben und hütete dort seine Ziegen und Schafe. Nur selten sah es Menschen. Aber es war mit den Tieren gut Freund, und es kannte alle Blumen und Kräuter ringsum.

Wenn die Sonne aufging, sah das Hirtenbüblein die Berge rosig aufleuchten, zu Mittag glitzerten die Schneefelder, und abends kamen die blauen Schatten und brachten die Nacht. Das Büblein kannte den Mond gut und sah oft in sein freundliches Gesicht. Es sah die Sterne wandern und glitzern. Und die Nacht hatte viele Geräusche, und wenn ein Ast knackte oder ein Stein rollte, klang das anders als bei Tag.

So lernte das Büblein die Sprache der Dinge verstehen, zwischen denen es lebte. Der Wind pfiff durch ein Loch im Hüttendach und sagte ihm, das Dach müsse geflickt werden. Von den Wolken am Himmel erfuhr es, wie das Wetter sein würde und ob ein Gewitter käme. Von Blumen und Kräutern, von den Vögeln und den Murmeltieren lernte das Büblein alles, was sie selber wußten. Und zu all dem fand es in seinem eigenen Kopf allerhand Merkwürdiges, und das waren Träume und Gedanken.

Manchmal kamen Menschen zu dem Hirtenbüblein herauf. Und weil es einmal so ernsthaft und nachdenklich dasaß und dann wieder so lustig mit seinen Ziegen herumsprang, fragte der eine oder andere das Büblein: „Was denkst du dir so, Hirtenbüblein, wo du doch so allein da heroben bist! Ist dir nicht langweilig?"

„Nein", antwortete das Hirtenbüblein.

Einmal sagte einer: „Guckst du Löcher in den Himmel? Was ist denn dahinter?"

„Das müßt ihr den Adler fragen", antwortete das Büblein. „Der fliegt so hoch, bis er nur noch ein kleiner Punkt ist. Vielleicht hat der was gesehen! Fragt ihn doch!"

Und immer, wenn ihn jemand was fragte, antwortete das Hirtenbüblein auf seine Art.

Dem König im Land kam es zu Ohren, daß da ein Hirtenbüblein wäre, das noch keine Schule gesehen hätte und doch so treffliche Antworten wüßte. Aber der König glaubte das nicht.

Er ließ das Büblein holen. Als es vor ihm stand, sagte der König: „Wenn du mir auf drei Fragen die Antwort geben kannst, die noch kein Weiser mir sagen konnte, dann will ich dich ansehen wie mein eigenes Kind, und du sollst bei mir im Schloß wohnen."

Da sprach das Büblein: „Wie lauten die drei Fragen?"

Der König sagte: „Wie viele Tropfen sind in dem Weltmeer?"

Das Hirtenbüblein antwortete: „Herr König, laßt alle Flüsse auf der Erde verstopfen, damit kein Tropfen daraus mehr ins

Meer laufen kann, dann will ich euch sagen, wie viele Tropfen im Meer sind."

Sprach der König: „Wie viele Sterne stehen am Himmel?"

Das Hirtenbüblein sagte: „Gebt mir einen großen Bogen weißes Papier!" Und es nahm eine Feder und tupfte mit der Feder so viele feine Punkte auf das weiße Papierblatt, daß einem die Augen vergingen, wenn man nur hinsah. Darauf sprach es: „So viele Sterne stehen am Himmel als Punkte auf dem Papier! Zählt sie nur!"

Aber das konnte niemand, der König nicht und auch sonst niemand.

„Und nun die dritte Frage", sagte der König. „Wie viele Sekunden hat die Ewigkeit?"

Da antwortete das Hirtenbüblein: „In einem fernen Land liegt der Demantberg, der mißt eine Stunde in die Höhe, eine Stunde in die Breite und eine Stunde in die Tiefe. Dahin kommt alle hundert Jahre ein Vöglein und wetzt sein Schnäblein daran. Wenn der ganze Berg abgewetzt ist, dann ist die erste Sekunde der Ewigkeit vorbei."

Da sprach der König: „Du hast mir geantwortet wie ein Weiser und sollst fortan bei mir im Königsschloß wohnen, und ich will dich ansehen wie mein eigenes Kind."

Das Dreschermännchen

Ein Bauer ging einmal zur Erntezeit in die Scheune und fand in einer Ecke einen Haufen ausgedroschener Getreidekörner, und in einer anderen Ecke fand er das Stroh ordentlich aufgeschichtet.

Da hat mir jemand geholfen, dachte der Bauer. Aber wer? Der Nachbar kann's nicht gewesen sein, er hätte mir gesagt, daß er mir helfen kommt. Und Dreschflegel hab' ich auch keinen gehört.

Der Bauer füllte die Körner in Säcke und trug sie in den Speicher. Dann ging er in die Stube und erzählte alles seiner Frau.

Auch die Bäuerin hatte keinen Dreschflegel gehört und wußte nicht, wer das Getreide gedroschen hatte.

Am nächsten Morgen fand der Bauer wieder einen Berg ausgedroschenes Korn in der einen Ecke und in der anderen Ecke das Stroh.

In dieser Nacht versteckte sich der Bauer hinter den Strohbündeln. Nach einer Weile hörte er es am Scheunentor krabbeln wie eine Maus. Was hereinkam, war aber keine Maus, sondern ein Männchen, nicht größer als die Hand des Bauern. Das Männchen fing sogleich mit einem kleinen Dreschflegel zu dreschen an. Der Dreschflegel war nicht größer als ein kleiner

85

Finger und aus purem Gold. Das Gewand des Männchens aber war ganz zerlumpt.

Als das Männchen wieder fort war, ging der Bauer zu seiner Frau in die Stube und erzählte ihr von dem Dreschermännchen.

„Ich werde ihm etwas Hübsches zum Anziehen nähen", sagte die Bäuerin und ging an ihre Truhe, in der allerlei Stoffreste lagen. Aus dem buntesten Stoff nähte sie einen kleinen Anzug. An die Jacke nähte sie einen Goldfaden als Borte und an die Zipfelmütze eine glitzernde Glasperle. Aus einem Rest Leder schnitt die Bäuerin Schuhe und nähte sie. Am Abend war alles fertig.

Der Bauer trug das Zwergengewand in die Scheune und versteckte sich wieder hinter dem Stroh. Bald krabbelte es am Tor, und das Männchen kam herein und drosch die ganze Nacht mit seinem winzigen goldenen Dreschflegel das Korn.

In der Früh, als es müde war und zu dreschen aufhörte, kam der Bauer hinter den Strohbündeln hervor, dankte dem Männchen und gab ihm den neuen Anzug und die Schühlein.

Das Männchen lachte glücklich und lief mit seinem neuen Anzug und den Schühlein fort, schneller als eine Maus, und den kleinen goldenen Dreschflegel hat es auch wieder mitgenommen.

Das Weiblein mit dem goldenen Häublein √

Es war einmal ein Weiblein,
das trug ein goldnes Häublein.
Das Weiblein nahm ein Ei
und schlug das Ei entzwei,
ei, ei,
und schlug das Ei entzwei.

Dann tat es Butter in die Pfann'
und fing sogleich zu rühren an.
Tat Salz daran und Majoran
und etwas Schnittlauch drüber.

Jetzt komm herbei,
wer es auch sei,
und laß dir's schmecken, Lieber!

Der kleine Hirsch und die Krokodile

Der kleine Hirsch war ein Spaßmacher. Er wußte, daß die Krokodile im Fluß ihn gern gefressen hätten, und wollte sie ärgern. Eines Tages lief er am Flußufer auf und ab und schrie: „Kommt nur, Krokodile, kommt schnell! Da ist ein guter Bissen für euch!"

Dann lief der kleine Hirsch davon.

Die Krokodile kamen alle eilig geschwommen und ärgerten sich, daß der Leckerbissen fortgesprungen war. „Warte nur!" riefen sie dem kleinen Hirsch nach. „Warte nur, bis du einmal an den Fluß trinken kommst! Da werden wir dich schon erwischen!"

Der kleine Hirsch lachte. Einmal wurde er aber doch durstig, schlich an den Fluß und wollte trinken. Er spähte über das Wasser, ob nicht irgendwo ein Krokodil zu sehen war. Etwas schwamm auf dem Fluß, aber er wußte nicht recht, ob es ein Krokodil war oder ein Baumstamm.

„Was bist du?" rief der kleine Hirsch. „Bist du ein Krokodil oder ein Baumstamm?"

Es war ein Krokodil. Und das Krokodil dachte: Wenn ich antworte, weiß der kleine Hirsch, daß ich ein Krokodil bin. Sage ich nichts, dann glaubt er, ich wäre ein Baumstamm. Und dann schnappe ich zu und hab' ihn!

Der kleine Hirsch wollte aber ganz genau wissen, was das Ding im Fluß war, und rief: „Wenn du ein Krokodil bist, dann schwimm den Fluß hinunter! Wenn du aber ein Baumstamm bist, dann schwimm den Fluß hinauf!"

Das Krokodil dachte: Wenn der kleine Hirsch glaubt, daß ich ein Baumstamm bin, dann gibt er nicht acht, und ich kann ihn erwischen. Und es begann, den Fluß stromaufwärts zu schwimmen.

Da fing der Hirsch zu lachen an. „Dummes Krokodil!" schrie

er. „Ein Baumstamm schwimmt nie flußaufwärts! Das kann er doch gar nicht!" Und der kleine Hirsch lachte und lachte, und das Krokodil schämte sich und tauchte schnell unter.

Nicht lange danach sah der kleine Hirsch am anderen Flußufer Kräuter und Blumen, die er besonders gern verspeiste. Aber wie sollte er über den Fluß kommen? Nirgends war eine Brücke, und schwimmen wollte er nicht, sonst hätten ihn die Krokodile erwischt. Aber bald hatte der kleine Hirsch sich einen neuen Spaß ausgedacht.

„Krokodile!" rief er. „Kommt schnell alle her! Der mächtige

König schickt mich, um alle Krokodile zu zählen. Wenn ihr euch nicht zählen laßt, ergeht es euch schlecht!"

Die Krokodile hatten Angst vor dem mächtigen König und riefen: „Zähl uns! Zähl uns genau!"

„Wie soll ich euch denn genau zählen, wenn ihr alle durcheinanderschwimmt?" rief der kleine Hirsch. „Legt euch eins neben das andere, von einem Flußufer bis zum anderen! Dann kann ich euch zählen."

Als die Krokodile eines neben dem anderen lagen, trippelte der kleine Hirsch von Krokodilrücken zu Krokodilrücken. Dabei zählte er eins – zwei – drei – vier – fünf – sechs – sieben und so weiter, bis er über alle Krokodilrücken im Wasser spaziert war wie über eine Brücke.

„Danke schön!" rief er, als er am anderen Ufer war. Und dann ließ er sich Kräuter und Blumen schmecken.

Sonne und Wind

Der Wind sagte zur Sonne: „Wer ist stärker? Du oder ich?"

„Das weiß ich nicht", sagte die Sonne. „Wir wollen es ausprobieren."

„Gut", sagte der Wind. „Auf dem Weg dort geht ein Wanderer. Wer ihm zuerst den Mantel wegnehmen kann, ist der Stärkere. Gilt die Wette?"

„Die Wette gilt", sagte die Sonne.

Da fing der Wind an zu blasen. Er blies und blies, aber je mehr er blies, desto fester hielt der Wanderer den Mantel mit beiden Händen fest.

Der Wind blies noch heftiger. Der Wanderer zog den Mantel noch enger um sich und hielt ihn noch fester.

Da gab der Wind dem Wanderer einen so starken Stoß, daß er beinahe gefallen wäre. Die Bäume bogen sich und rauschten, und der Wetterhahn auf dem Dach der Kirche im Dorf drehte sich wie verrückt.

Der Wanderer zog den Gürtel ganz fest um sich und wickelte sich ganz fest in den Mantel.

„Jetzt probier du es", sagte der Wind atemlos zur Sonne.

Die Sonne begann zu scheinen.

Dem Wanderer wurde warm, und er löste den Gürtel.

Die Sonne schien stärker. Da knöpfte der Wanderer den Mantel auf. Die Sonne schien noch stärker, und der Wanderer begann zu schwitzen. Und als die Sonne heftig vom Himmel brannte, zog der Wanderer den Mantel aus.

„Du hast gewonnen", sagte der Wind zur Sonne.

Der Schneider und der Riese

Es war einmal ein Schneider, der wollte sich die Welt anschauen.

Er wanderte über Felder und Wiesen. Die Sonne schien. Die Vögel sangen. Der Schneider pfiff ein Lied.

Auf einmal sah er in der Ferne einen steilen Berg. Hinter dem Berg war ein großer dunkler Wald. Aus dem Wald ragte ein himmelhoher Turm hervor. Der Schneider ging neugierig näher und erschrak furchtbar.

Der Turm hatte Beine.
Der Turm sprang über den Berg.
Der Turm war ein großmächtiger Riese.

Der großmächtige Riese stand vor dem kleinen Schneider.

„Was willst du hier, Fliegenbein?" brüllte der Riese.

„Nichts!" wisperte der Schneider.

„Nichts?" schrie der Riese. „Aber ich will etwas! Du mußt mein Diener werden!"

Das kann gut werden, dachte der Schneider. Ich wollte mir die Welt anschauen, und jetzt muß ich einen Riesen bedienen! Was soll ich nur tun? Ich weiß schon! Ich muß so tun, als wäre ich ebenso stark wie der Riese oder noch stärker.

„Da ist ein Krug, Fliegenbein!" schrie der Riese. „Hol mir Wasser vom Brunnen! Ich bin durstig."

„Nur einen Krug voll?" fragte der Schneider. „Warum nicht gleich den ganzen Brunnen?" Und er nahm den Krug und ging zum Brunnen.

Der Riese blieb verdutzt zurück.

„Den ganzen Brunnen will er bringen?" brummte er. „Einen ganzen Brunnen kann nicht einmal ich schleppen!"

Da kam der Schneider schon zurück.

„Hier ist eine Axt!" sagte der Riese. „Geh in den Wald, Fliegenbein, und bring mir ein paar Scheite Holz!"

„Nur ein paar Scheite?" fragte der Schneider. „Warum nicht gleich den ganzen Wald?" Und er nahm die Axt und ging in den Wald.

Der Riese blieb verdutzt zurück.

„Gleich den ganzen Wald?" brummte er. „Den ganzen Wald kann nicht einmal ich schleppen! Dieses Fliegenbein ist stärker als ich!" Und er begann sich zu fürchten.

Es dauerte nicht lange, und der Schneider kam mit den Scheiten aus dem Wald zurück.

„Fang mir zum Abendessen ein Wildschwein!" befahl der Riese nun.

„Nur ein einziges Wildschwein!" fragte der Schneider. „Warum nicht gleich hundert und dich dazu?"

Der Riese erschrak. „Laß es gut sein für heute", bat er den Schneider. „Es ist schon spät. Wir wollen schlafen gehen."

Die ganze Nacht schloß der Riese aus Angst vor dem Schneider kein Auge. Was soll ich nur tun? dachte er. Einen so starken Diener will ich nicht.

Am nächsten Morgen ging der Riese mit dem Schneider in den Wald und packte die höchste Tanne am Wipfel. Er bog den Wipfel zur Erde, als wäre der Baum nur eine Weidengerte.

„Schau her, Fliegenbein!" brüllte der Riese. „So stark bin ich!"

„Das kann ich auch", sagte der Schneider. „Laß den Wipfel los, dann zeig ich's dir."

Der Riese ließ los. Da war der Schneider schon in den Wipfel gesprungen, flink wie der Wind.

Die Tanne schnellte in die Höhe. Der Schneider flog durch die Luft. Er flog hoch und weit und war nicht mehr zu sehen.

„Den Kerl bin ich losgeworden", brummte der Riese.

Der Schneider aber schwebte durch die Luft. Endlich purzelte er herunter und landete mitten auf einer Wiese.

Da saß er und schaute sich vergnügt um. „Den Kerl bin ich losgeworden", sagte er. „Jetzt werde ich mir die Welt anschauen!"

Löwe und Maus

Es war einmal ein Löwe, der ging durch die Wüste, als ihm eine Maus unter die Tatze lief. Der Löwe hätte sie beinahe totgetreten, doch da piepste die Maus:

„Zertritt mich nicht, Herr Löwe! Ich bin so klein, und wenn du mich frißt, wirst du davon nicht satt. Schenk mir das Leben, großer Löwe! Dann werde ich dir auch einmal das Leben retten."

Der Löwe betrachtete die Maus. „Ich bin König der Wüste", sagte er. „Ich bin so stark, daß ich mich selber beschützen kann. Selbst wenn mein Leben einmal in Gefahr wäre, kleinwinzige Maus, du könntest es doch nicht retten!"

„Das kann niemand wissen!" piepste die Maus. „Laß mich frei, großer Löwe! Ich werde dankbar sein!"

„Du machst Spaß, kleine Maus", sagte der Löwe. „Aber wenn ich dich fresse, werde ich wirklich nicht satt. Lauf nur!"

Und der Löwe gab die Maus frei.

Am nächsten Tag kam ein Jäger, grub eine tiefe Grube und breitete ein Netz darüber. Das Netz bedeckte er mit Gras und Blättern. Die Grube war eine Löwenfalle.

Der Löwe sah die Falle nicht. Er schritt über das Gras und die Blätter, fiel in die Grube und verwickelte sich im Netz. Bald danach kam der Löwenjäger und fesselte den Löwen mit Riemen und Stricken. Dann ließ er ihn liegen, um seine Gefährten zu holen. Sie sollten ihm helfen, den gefangenen Löwen fortzutragen.

Kaum war der Jäger fort, erschien die Maus oben am Rand der Grube und piepste zu dem Löwen hinunter: „Großmächtiger Löwe, ich bin glücklich, daß jetzt ich dir helfen kann!"

Die Maus ließ sich in die Grube hinunterrutschen und fing sogleich an, die Fesseln des Löwen zu zernagen.

Als der Löwe frei war, schüttelte er seine Mähne, brüllte laut und sprang mit einem Satz aus der Grube. Oben blieb er stehen, blickte um sich und sah in der Ferne die Löwenjäger kommen. Der Löwe wollte fortlaufen, aber da hörte er unten die kleinwinzige Maus jämmerlich piepsen.

„Der Sand ist so rutschig, und die Grube so hoch!" jammerte die Maus. „Ich kann nicht hinaus!"

Der Löwe sprang in die Grube zurück, und die kleine Maus setzte sich in seine Mähne und hielt sich daran fest. Mit einem Satz war der Löwe wieder aus der Grube gesprungen und lief mit der Maus weit fort in die Wüste hinein, und die Löwenjäger fanden ihn nicht.

Von nun an wanderten Löwe und Maus immer miteinander durch die Wüste. Manchmal sagte die Maus: „Ich bin so froh, daß die Löwenjäger mich nicht in der Grube erwischt haben! Sie hätten mich gebunden und fortgeschleppt. Schrecklich!"

Da sagte der Löwe: „Ja, kleine Maus, das wäre schrecklich gewesen. Aber hab keine Angst, ich werde dich immer beschützen."

„Ich dich auch!" sagte die kleinwinzige Maus zu dem großmächtigen Löwen.

Zaubertopf und Zauberkugel

In einem Dorf lebten ein armer Mann und eine arme Frau, die hatten nichts als ein einziges Huhn. Eines Tages dachte die Frau: Ich werde das Huhn verkaufen. Für das Geld kaufe ich mir ein paar Küken, die will ich großziehen.

Sie tat das Huhn in einen Korb und ging damit zur Stadt. Unterwegs begegnete ihr ein bärtiges Männchen, das trug einen alten rußigen Topf in den Händen. „Gib mir das Huhn!" sagte das Männchen. „Ich gebe dir diesen Topf dafür."

Die Frau lachte und sagte: „So dumm bin ich nicht! Eine Henne ist mehr wert als ein alter rußiger Topf!"

„Mein Topf ist mehr wert als dein Huhn", antwortete das Männchen. „Er ist ein Zaubertopf."

Die Frau wurde neugierig und dachte: Vielleicht ist es wirklich ein Zaubertopf? Und so tauschte sie das Huhn gegen den Topf.

Das Männchen reichte der Frau den rußigen Topf und sagte: „Trag ihn heim, stell ihn unter den Holunderbusch und sprich: ‚Füll dich mit Milch' – oder was du sonst haben willst. Dann wird der Topf sich füllen mit dem, was du haben willst. Du darfst ihn aber nie waschen und putzen, sonst ist der Zauber aus."

Die Frau nahm den Topf, bedankte sich und ging nach Hause. Daheim stellte sie ihn unter den Holunderbusch und sagte: „Füll dich mit Milch, Topf!" Da füllte der Topf sich mit Milch bis an den Rand.

Jetzt hatten der Mann und die Frau immer genug Milch und immer gut zu essen. Je öfter sie aber den Topf benützten, desto schwärzer und rußiger wurde er.

Eines Tages nahm die Frau ganz in Gedanken den rußigen Topf, wusch und scheuerte und rieb ihn, bis er wie Gold funkelte. Dann stellte sie ihn zum Trocknen in die Sonne und freute sich, wie er blinkte. Kaum aber war der Topf trocken, verschwand er vor ihren Augen.

Nun waren der Mann und die Frau wieder arm. Eines Tages sagte die Frau zu ihrem Mann: „Geh doch du einmal in die Stadt, vielleicht begegnet dir das bärtige Männchen. Versuch dein Glück!"

„Sein Glück kann man immer versuchen", sprach der Mann. Er ging zum Nachbarn, kaufte von seinem letzten Geld ein Schaf und trieb es zur Stadt.

Auch ihm begegnete das bärtige Männchen. Diesmal trug es eine hölzerne Kugel in Händen. „Gib mir das Schaf!" sagte das Männchen. „Ich gebe dir diese Kugel dafür."

„Was ist das für eine Kugel?" fragte der Mann.

„Eine Zauberkugel", antwortete das Männchen. „Wenn du zu ihr sagst: ‚Kugel, sei höflich und nimm die Mütze ab', wird dir jeder Wunsch erfüllt werden. Aber halte Tür und Fenster dabei geschlossen, sonst ist's mit dem Zauber vorbei."

Der Mann tauschte das Schaf gegen die Zauberkugel und wanderte nach Hause. Daheim schloß er Tür und Fenster, legte die Kugel zur Erde und sagte: „Kugel, sei höflich und nimm die Mütze ab!"

Da fing die Kugel an zu rollen, immer schneller und schneller. Auf einmal öffnete sie sich, und heraus kamen viele winzige Männchen, die trugen goldene Schüsseln und Teller voll mit Brathühnern, Torten und Kuchen. Andere Männchen schleppten einen Krug voll Wein herbei. Der Mann und die Frau setzten sich hin und aßen, bis sie satt waren. Dann verschwanden die Männchen mit Tellern und Schüsseln und Krug wieder in der Kugel.

Von nun an lebten der Mann und die Frau sorglos und in Freuden. Die Nachbarn begannen sich darüber zu wundern, und eines Tages ließ der Bürgermeister den Mann rufen. „Die Leute im Dorf sagen, daß ihr zaubern könnt", sagte er. „Verrate mir sofort deine Zauberkünste, sonst werfe ich dich ins Gefängnis!"

Da erzählte der Mann, daß er eine Zauberkugel besaß.

„Bring sie mir!" befahl der Bürgermeister.

Der Mann holte die Kugel, gab sie dem Bürgermeister und ging traurig heim. Nun waren der Mann und die Frau wieder so arm wie zuvor. Eines Tages sagte der Mann: „Ich will noch einmal zur Stadt gehen, vielleicht treffe ich das Männchen. Aber ich habe nichts, was ich eintauschen könnte."

„Geh trotzdem!" sagte die Frau.

So ging der Mann fort, und er war noch nicht weit gegangen, da begegnete er dem bärtigen Männchen, das sprach: „Hier hast du eine zweite Kugel. Wenn du zu ihr sagst: ‚Kugel, sei höflich und nimm die Mütze ab', dann kommen lauter Riesen hervor. Benütze sie recht!"

Der Mann ging zum Bürgermeister und zeigte ihm die zweite Zauberkugel. Auch diese Kugel wollte der Bürgermeister haben. Da sprach der Mann: „Kugel, sei höflich und nimm die Mütze ab!"

Sogleich kamen Riesen heraus, die nahmen den Bürgermeister am Kragen und warfen ihn wie einen Ball einer dem andern zu. Und erst, als der Bürgermeister versprach, die erste Kugel dem Mann wiederzugeben, ließen die Riesen von ihm ab.

So bekam der arme Mann seine Kugel wieder. Er gebrauchte sie fröhlich, bis er eines Tages vergaß, die Tür zu schließen. Da rollte die Kugel fort, und hinter ihr drein die zweite Kugel. Sie rollten miteinander gegen die Berge zu und verschwanden für immer.

Das Waldhaus

Ein Holzhauer lebte mit seiner Frau und seinen drei Mädchen am Rand eines einsamen Waldes. Einmal mußte er tief in den Wald hineingehen, um Bäume zu fällen, und sagte zu seiner Frau: „Schick mir das älteste Mädchen mit meinem Mittagessen in den Wald. Und damit es mich findet, werde ich ein Säckchen voll Hirsekörner nehmen und die Körner auf den Weg streuen!"

Als die Sonne zur Mittagszeit hoch über dem Wald stand, nahm das älteste Mädchen einen Topf voll Suppe und wollte ihn dem Vater bringen. Es verirrte sich aber auf dem Weg, weil es die Hirsekörner nicht finden konnte. Die hatten die Spatzen und Lerchen, die Finken und Amseln und Zeisige längst aufgepickt. Das Mädchen ging, bis es Abend wurde und dunkel; da fing es an, sich zu fürchten. Nach einer Weile sah es in der Ferne ein Licht und dachte: Dort muß ein Haus sein! Vielleicht kann ich darin übernachten.

Es ging auf das Licht zu und fand wirklich ein Haus und klopfte an. „Nur herein!" rief eine Stimme, und das Mädchen trat ein. Da saß ein alter Mann mit einem langen weißen Bart. Neben dem Ofen aber lagen ein Hühnchen, ein Hähnchen und eine buntgescheckte Kuh.

„Ich habe mich im Wald verirrt", sagte das Mädchen. „Darf ich in eurem Haus übernachten?"

Der Mann sprach:

> „Schön Hühnchen,
> schön Hähnchen,
> und du schöne bunte Kuh,
> was sagt ihr dazu?"

„Duks!" antworteten die Tiere, und das hieß: „Wir sind es zufrieden."

„Wenn du in die Küche gehst", sprach der Alte zu dem Mädchen, „und dort ein Abendessen kochst, kannst du mitessen."

Das Mädchen ging in die Küche, kochte ein Abendessen und brachte eine Schüssel voll auf den Tisch. Dann setzte es sich mit dem alten Mann zum Essen nieder. Als das Mädchen satt war, fragte es: „Wo ist ein Bett, in dem ich schlafen kann? Ich bin müde!"

Die Tiere antworteten:

„Du hast mit ihm gegessen,
du hast mit ihm getrunken,
aber an uns hast du nicht gedacht.
Nun sieh auch, wo du bleibst die Nacht."

Da sagte der alte Mann: „Unter dem Dach ist ein Stübchen mit einem Bett. Dort kannst du schlafen."

Das Mädchen ging und legte sich schlafen. Als es schlief, kam der alte Mann mit einem Licht und betrachtete das Mädchen traurig. Dann ging er wieder und versperrte von außen die Tür.

Als der Holzfäller am Abend heimkam, sagte er zu seiner Frau: „Warum hast du mir die Tochter nicht mit Essen geschickt?"

„Das Mädchen ist mit einem Topf Suppe zu dir gegangen", antwortete die Mutter. „Vielleicht hat es sich verirrt. Es wird gewiß morgen zurückkommen!"

Am nächsten Tag mußte der Holzfäller wieder früh in den Wald, und seine zweite Tochter sollte ihm das Mittagessen nachbringen. Diesmal nahm er ein Säckchen voll Linsen mit. „Linsen sind größer als Hirsekörner", sagte er. „Da kann das Mädchen den Weg nicht verfehlen."

Aber auch das zweite Mädchen verirrte sich und fand den Weg nicht, weil die Waldvögel die Linsen aufgepickt hatten. Auch das zweite Mädchen lief bis zum Abend durch den Wald und sah das Licht und klopfte an die Tür des Waldhauses. Und wieder sagte der alte Mann: „Herein!"

Auch das zweite Mädchen war hungrig und wollte ein Bett für die Nacht. Wieder fragte der alte Mann die Tiere:

„Schön Hühnchen,
schön Hähnchen,

> und du schöne bunte Kuh,
> was sagt ihr dazu?"

„Duks!" antworteten die Tiere, und es geschah alles wie am Tag zuvor. Das Mädchen kochte für den Alten und für sich und vergaß, den Tieren zu essen zu geben. Und als es nach dem Bett fragte, antworteten die Tiere:

> „Du hast mit ihm gegessen,
> du hast mit ihm getrunken,
> aber an uns hast du nicht gedacht.
> Nun sieh auch, wo du bleibst die Nacht!"

Als das Mädchen in einem Stübchen unter Dach eingeschlafen war, kam wieder der alte Mann mit dem Licht, betrachtete das Mädchen traurig und schloß die Tür von außen ab.

Am dritten Morgen ging der Holzfäller wieder fort, und die jüngste Tochter sollte ihm das Essen bringen. Die Mutter aber sagte: „Soll ich mein jüngstes Kind auch noch verlieren?"

„Heute will ich Erbsen ausstreuen", antwortete der Vater. „Erbsen sind groß, da kann unser Kind den Weg nicht verfehlen."

Als aber das Mädchen mit dem Essen zum Vater ging, hatten die Waldtauben die Erbsen aufgepickt. Und auch die jüngste Schwester verirrte sich und kam spätabends an das Waldhaus. Als das Mädchen um Essen und Nachtlager bat, fragte der alte Mann:

> „Schön Hühnchen,
> schön Hähnchen,
> und du schöne bunte Kuh,
> was sagt ihr dazu?"

„Duks!" antworteten die Tiere.

Da trat das Mädchen an den Ofen und streichelte Hühnchen und Hähnchen über die Federn, und die Kuh kraulte es zwischen den Hörnern. Dann ging das Mädchen in die Küche und kochte und brachte das Essen herein. Bevor es sich aber an den Tisch setzte, holte es Körner für Hühnchen und Hähnchen und einen Arm voll Heu für die Kuh. Es trug einen Eimer Wasser herein, und Hühnchen und Hähnchen tunkten den Schnabel ins Wasser und hielten den Kopf in die Höhe, wie Vögel trinken. Und die bunte Kuh tat einen großen Schluck.

„Sollten wir nicht schlafen gehen?" sprach das Mädchen, als alle gegessen hatten. Und es fragte:

> „Schön Hühnchen,
> schön Hähnchen,
> und du schöne bunte Kuh,
> was sagt ihr dazu?"

Die Tiere antworteten:

> „Du hast mit uns gegessen,
> du hast mit uns getrunken,
> du hast uns alle wohl bedacht,
> wir wünschen eine gute Nacht."

Da ging das Mädchen schlafen und schlief bis Mitternacht. Um Mitternacht begann es mit einemmal im Häuschen zu knistern. Das Mädchen blinzelte, aber bald schlief es wieder tief und erwachte erst, als die helle Sonne schien. Und da lag es in einem großen goldenen Saal in einem Bett aus Elfenbein unter einer Decke aus rotem Samt. Vor dem Bett stand ein Paar mit Perlen bestickte Pantoffel.

Wie das Mädchen so schaute und sich wunderte, ging die Tür auf, und ein schöner junger Prinz kam herein und sagte zu der jüngsten Holzfällertochter:

„Ich war ein verwunschener Prinz, und niemand konnte mich erlösen als ein Mädchen, das auch gut zu meinen Tieren war. Du hast mich erlöst. Die Tiere waren meine verzauberten Diener, und auch sie sind jetzt erlöst. Und das alte Waldhaus ist wieder mein königlicher Palast."

„Aber wo sind meine Schwestern?" fragte das Mädchen.

„Denen ist nichts geschehen", antwortete der Prinz. „Erlösen konnten sie mich aber nicht, und wärst du nicht so bald gekommen, dann müßten sie noch immer in ihren versperrten Stübchen schlafen. Jetzt dürfen sie wieder nach Hause!"

Der Prinz heiratete das Mädchen, und sie wurden sehr glücklich.

Die drei Spinnerinnen

Es war einmal ein Mädchen, das wollte nicht Flachs spinnen, viel lieber sah es aus dem Fenster den Wolken zu, wie sie dahinzogen. Die Wolken waren einmal wie Lämmer und einmal wie ein Haufen Federn, um sich dreinzukuscheln, und einmal wie ein Schiff mit vielen Segeln, auf dem konnte man weit fort fahren. Das Mädchen schaute und ließ das Spinnrad stillstehen. Darüber wurde die Mutter zornig, und sie schlug das Mädchen, so daß es laut weinte.

Nun fuhr gerade die Königin vorbei. Sie hörte das Weinen, ließ die Kutsche halten, kam herein und fragte: „Warum schlägst du das Mädchen? Man hört sein Weinen bis auf die Straße."

Die Mutter schämte sich, weil die Tochter nicht spinnen wollte, und sagte: „Dieses Unglückskind will immer und immer nur spinnen, aber ich bin arm und kann nicht so viel Flachs kaufen."

Da antwortete die Königin: „Ich höre nichts lieber als ein schnurrendes Spinnrad. Gib mir deine Tochter mit aufs Schloß, dort ist Flachs genug, und sie kann spinnen, so viel sie Lust hat." Der Mutter war das recht, und die Königin nahm das Mädchen ins Schloß mit.

Als sie dort angekommen waren, führte die Königin das Mädchen in drei große Kammern, die voll Flachs lagen. „Nun spinn all diesen Flachs", sagte die Königin. „Wenn du in einem Monat fertig bist, gebe ich dir meinen Sohn zum Mann. Dann bleibst du immer bei uns, und ich kann das Spinnrad schnurren hören, so oft ich will."

Das arme Mädchen erschrak sehr, denn in den Kammern war so viel Flachs, daß es dreihundert Jahre hätte spinnen können und wäre doch nie an ein Ende gekommen. Es fing zu weinen an und saß drei Tage vor all dem Flachs, ohne eine Hand zu rühren. Am dritten Tag kam die Königin und wunderte sich, daß noch nichts gesponnen war. Das Mädchen entschuldigte sich, es hätte vor Heimweh nicht spinnen können. Die Königin sah das ein, sagte aber: „Morgen fängst du zu spinnen an."

Als das Mädchen allein war, wußte es sich nicht zu helfen. Vor Kummer trat es ans Fenster und schaute hinaus. Da zogen wieder Wolken vorbei, und diesmal sah das Mädchen drei alte Weiber auf dem Himmel daherschwimmen. Die erste hatte einen breiten Plattfuß, die zweite hatte eine so große Unterlippe, daß sie ihr über das Kinn herunterhing, und die dritte hatte einen breiten Daumen. Die drei kamen vor das Fenster, schauten hinein und fragten: „Warum weinst du, Mädchen?" Da erzählte das Mädchen seinen Kummer. „Wir sind nicht schön", sagten die drei

Weiber. „Aber willst du uns zur Hochzeit einladen als deine drei Tanten, so spinnen wir deinen Flachs."

Das Mädchen freute sich und ließ die drei Weiber herein. Sie setzten sich und begannen sofort zu spinnen. Die eine zog den Faden und trat das Spinnrad, die andere feuchtete den Faden mit der Lippe, die dritte drehte ihn. So spannen sie das feinste Garn und hatten bald alle drei Kammern leergesponnen. Dann nahmen sie Abschied und sagten: „Vergiß nicht, was du uns versprochen hast!"

Als die Königin kam und das gesponnene Garn sah, ließ sie die Hochzeit richten, und der Bräutigam freute sich, eine so geschickte und fleißige Frau zu bekommen. Da sagte das Mädchen: „Ich habe drei Tanten, die haben mir viel Gutes getan. Erlaubt ihr, daß ich sie zur Hochzeit einlade?"

„Warum sollen wir das nicht erlauben?" fragten die Königin und ihr Sohn, der Bräutigam.

Als nun das Fest begann, kamen die drei Weiber, wunderlich geschmückt, und die Braut sagte zu ihnen: „Herzlich willkommen, meine lieben Tanten!"

„Die sehen dir aber gar nicht ähnlich", sagte der Bräutigam. „Wie kommst du zu der Verwandtschaft?" Er ging zu der Tante mit dem Plattfuß und fragte sie: „Wovon habt Ihr einen so breiten Fuß, meine Gute?"

„Vom Treten!" antwortete die Tante. „Vom Spinnradtreten!"

Der Bräutigam ging zur zweiten Tante und fragte sie: „Wovon habt Ihr die große Lippe, liebe Tante?"

„Vom Fadenlecken", antwortete sie. „Vom Spinnfadenlecken!"

Da fragte er die dritte: „Wovon habt Ihr den breiten Daumen?"

„Vom Fadendrehen", antwortete sie. „Vom Spinnfadendrehen!"

Da erschrak der Bräutigam und sprach: „Das erlaube ich nimmermehr, daß meine schöne Braut ein Spinnrad anrührt! Sonst sieht sie mir bald aus wie ihre drei Tanten!" Und damit war das Mädchen das Flachsspinnen für immer los!

Der schlafende Hof

Ein Bauer hatte alles, was er sich nur wünschen konnte: einen schönen großen Hof, die schönsten Felder, Kühe und Schweine und Pferde im Stall, mehr als genug. Der Bauer aber war geizig und gönnte keinem etwas von seinem Wohlstand.

Einmal spannte der Bauer eben die Pferde an, als ein alter Mann dahergehumpelt kam. Der Knecht hackte Holz, die Magd stand in der Küche und buk Krapfen in heißem Schmalz. Die Bäuerin saß vor dem Tor und nähte, und neben ihr spielte die kleine Tochter mit einem Garnknäuel.

Der alte Mann bat um ein wenig Essen, aber der Bauer wollte ihm nicht einmal ein Stück Brot geben. Da rief der Alte: „Deine Tochter soll sich an einer Nadel stechen und einschlafen. Und mit ihr soll alles schlafen, was im Hof ist, und so lange schlafen, bis einer kommt, der gibt, worum er nicht gebeten wurde."

Im selben Augenblick stach das kleine Mädchen an einer Nadel, die im Garnknäuel steckte. Und als ein Blutstropfen aus dem Finger rann, schlief es ein.

>Da begannen alle zu schlafen:
>der Bauer und die Pferde,
>der Knecht und die Axt,
>die Mutter und die Magd.
>Das Feuer im Herd schlief ein,
>das Schmalz brutzelte nicht mehr.
>Die Schweine schliefen,
>die Kühe schliefen,
>und es schliefen auch die Spatzen auf dem Dach.

Der alte Mann verschwand, und ein großer schwarzer Stier lief brüllend und schnaubend um den schlafenden Hof.

Nach einigen Tagen wunderten sich die Nachbarn, weil im Hof alles so still war. Sie kamen, um nachzusehen, aber der schwarze Stier fiel über sie her, und sie rannten schreiend davon.

Von nun an versuchten mutige Bauernburschen immer wieder, den Stier zu verjagen, aber keinem gelang es. Jahre vergingen.

Allmählich wurde der schlafende Hof vergessen. Brennesseln und Unkraut wucherten um Haus und Stall. Der schlafende Bauer hatte einen langen Bart bekommen, der war schon grau. Das Haar der Bäuerin wurde weiß. Das schlafende Kind aber war zu einem Mädchen herangewachsen, und ihr langes Haar hüllte sie wie ein Mantel ein.

Eines Tages wanderte ein junger Bursch daher. Wie er zu dem schlafenden Hof kam, sah er den Stier im Schatten eines Baumes liegen. Der Stier sah alt und müde aus. Da ging der Bursch hin und kraulte ihn zwischen den Hörnern. Dann rupfte er Kräuter, und der alte Stier fraß sie ihm aus der Hand. Als er das letzte Kraut gefressen hatte, brüllte er freudig auf und trottete fort. Wie der Bursch ihm nachsah, war es kein Stier mehr, sondern ein alter Mann, der mühsam dahinhumpelte.

Der Bursche hatte noch nie einen Bauernhof in einer solchen Wildnis von Unkraut und Brennesseln gesehen. Neugierig ging er hin und stapfte durch die Brennesseln. Er sah das schlafende Bauernmädchen, und es war so schön, daß er sich niederbeugte und es küßte.

   Da schlug das Mädchen die Augen auf.
   Der Bauer erwachte, und die Bäuerin erwachte.
   Die Magd buk Krapfen,
   der Knecht hackte Holz.
   Das Feuer flackerte,
   das heiße Schmalz brutzelte.
   Die Pferde wieherten,
   die Schweine grunzten,
   die Kühe muhten,
   und auf dem Dach oben zwitscherten die Spatzen.

Der Bursche heiratete das Bauernmädchen. Zur Hochzeit buken Bäuerin und Magd hundert Krapfen und noch einmal hundert Krapfen und noch einmal hundert. Von weit und breit wurden Gäste eingeladen,

   ob arm oder reich,
   das war gleich.

Die Steinkartoffeln

Es war einmal ein weiser alter Mann. Er dachte viel nach. Er wollte wissen, warum das Gras grün ist und der Himmel blau. Und warum ein Kreis rund ist. Am besten konnte der weise Mann nachdenken, wenn er spazierenging. Und weil er immer so viel nachdachte, ging er auch immer sehr weit spazieren. Einmal kam er in ein Dorf, und dort saß ein Hahn auf dem Misthaufen und krähte. Der Mann dachte nach, warum dieser Hahn bunt war und andere Hähne weiß und schwarz waren, oder rot und braun.

In dem Dorf stand eine kleine Kirche mit einem spitzen Turm. Auf dem Turm war eine große Uhr. Neben der großen Uhr stand in einem kleinen Turmfenster ein Uhrmacher und drehte an den Uhrzeigern.

„Geht die Uhr nicht?" fragte der weise Mann von unten.

„Nein", antwortete der Uhrmacher. „Sie ist stehengeblieben, aber ich werde sie wieder reparieren."

Der weise Mann sah dem Uhrmacher eine Weile zu und rief dann zu ihm hinauf: „Ich wollte immer schon einen Uhrmacher fragen, wie lang die Zeit ist."

„Sehr lang", rief der Uhrmacher von oben herunter. „Mehr weiß ich auch nicht."

Da ging der weise Mann nachdenklich weiter und ging und ging und vergaß zu essen und zu trinken. Denn es gab so vieles auf der Welt, was er noch nicht wußte und gern gewußt hätte.

Endlich bekam er aber doch Hunger. Und das war gerade in dem Augenblick, als er an einem Kartoffelfeld vorüberkam.

Am Rand des Kartoffelfeldes saß ein junger Mann und briet sich in einem Feuer ein paar Kartoffeln. Der Duft der gebratenen Kartoffeln stieg dem weisen Mann in die Nase. Er ging näher und sagte zu dem jungen Mann am Kartoffelfeuer: „Kannst du mir ein paar Kartoffeln schenken?"

„Nein", sagte der Mann am Feuer.

„Aber ich bin so hungrig", sagte der weise Mann. „Kann ich nicht wenigstens eine einzige Kartoffel haben?"

„Nein", sagte der junge Mann. „Das sind keine gewöhnlichen Kartoffeln. Wer sie essen will, braucht so gute und starke Zähne, wie ich sie habe. Es sind Steinkartoffeln. Sie sind nichts für einen alten Mann. Du würdest dir nur die Zähne daran ausbeißen."

Da ging der weise Mann weiter und dachte darüber nach, warum Kartoffeln so gut riechen, wenn sie gebraten werden. Darüber vergaß er seinen Hunger.

Der Mann am Kartoffelfeuer schaute dem Weisen nach, dann holte er eine knusprige Kartoffel aus dem Feuer und biß hinein. Und als er hineinbiß, schrie er auf. Er hatte sich einen Zahn ausgebissen. Die Kartoffel war zu Stein geworden.

Hanfsäckchen

Es war einmal ein König, der hatte drei Töchter. Eines Tages rief er sie vor seinen Thron und fragte: „Meine lieben Töchter, ich möchte gern wissen, welche von euch mich am allerliebsten hat."

Da sagte die erste Tochter: „Ich habe dich so lieb wie mein eigenes Leben."

Die zweite Tochter sagte: „Ich habe dich so lieb wie mein eigenes Herz."

Die letzte und jüngste Tochter aber sagte: „Ich habe dich so lieb wie Salz."

Der König schenkte seinen beiden ersten Töchtern Gold und Perlen und schöne Kleider, der jüngsten aber ließ er ein Kleid aus einem hänfernen Sack machen. Als das Kleid fertig war, mußte sie es anziehen, und der König sagte: „Geh fort, ich will dich nie wieder sehen!"

Die jüngste Königstochter weinte sehr, da sagte der König: „Du hast mich ja nur so lieb wie Salz! Du wirst dich bald trösten, wenn du von mir fort mußt!"

Da ging die jüngste Königstochter in ihrem hänfernen Sack fort, aber heimlich nahm sie ihr schönstes Kleid mit.

Die Königstochter wanderte weit und kam endlich zum Schloß eines anderen Königs. Sie ging in das Schloß hinein und bat um Arbeit.

„Wer bist du denn?" wurde sie gefragt.

Und sie antwortete: „Ich heiße Hanfsäckchen."

Am Hof des fremden Königs mußte sie die Truthähne hüten. Wenn sie aber mit ihnen auf die Weide ging, zog sie ihr schönes Kleid an und sagte zu den Truthähnen:

> „Hanfsäckchen heiß ich,
> ein Geheimnis weiß ich.
> Säh der Prinz mich an genau,
> nähme er mich gern zur Frau."

Eines Tages sah der Sohn des Königs das schöne Mädchen die Truthähne hüten. Er kam neugierig näher, und da hörte er, was sie zu den Truthähnen sagte. Das geheimnisvolle Mädchen gefiel ihm so sehr, daß er zu seinem Vater ging und sagte: „Die Truthahnhirtin will ich heiraten und keine andere!"

Bald wurde die Hochzeit gefeiert, und auch der Vater des Mädchens, der König, wurde eingeladen. Er wußte aber nicht, daß die Braut seine Tochter war. Als er nun ankam, stand sie in der Küche und wollte alles selber kochen, was ihr Vater, der König, essen sollte. Und in alle Speisen tat sie kein Salz hinein.

Als sie nun bei Tisch saßen, sagte der Vater König: „Wer hat denn mein Essen gekocht? Es schmeckt vorzüglich, aber es fehlt das Salz. Ohne Salz schmeckt das beste Essen nicht."

Die Braut trat zu ihm und sagte: „Lieber Vater, erinnerst du dich, warum du mich fortgejagt hast? Ich habe dich noch immer so lieb wie Salz!"

Da erkannte der König seine Tochter, umarmte sie und sagte: „Mein liebes Kind, ich habe dir unrecht getan. Jetzt weiß ich erst, wie lieb du mich hast!"

Die Mäusebraut

Ein Mäuserich wollte seine Tochter Maus verheiraten.

„Ich gebe meine Tochter nur dem Stärksten auf der Welt", sagte der Mäuserich. „Aber wer ist der Stärkste auf der Welt?"

Der Mäuserich setzte sich vor sein Mauseloch und dachte nach. Es war früh am Morgen, und eben stieg der Sonnenball am Himmel empor. Da wurde der Himmel lichter und lichter, die Wolken bekamen goldene Ränder, die Vögel begannen laut zu zwitschern, und das ganze Land füllte sich mit Sonnenschein.

„Das ist ein Bräutigam für meine Tochter", dachte der Mäuserich. Er nahm seine Tochter Maus und lief mit ihr zum Schloß des Sonnenballs.

„Dir will ich meine Tochter zur Frau geben!" rief der Mäuserich dem Sonnenball zu. „Du bist der strahlendste und mächtigste Herrscher der Welt!"

Der Sonnenball hatte keine Lust, eine Maus zu heiraten. Er sagte: „Ich bin nicht so mächtig, wie du glaubst, lieber Mäuserich. Siehst du die Wolken dort? Wenn die Wolken sich vor mich schieben, kann ich nicht mehr scheinen, und dann wird es trüb und dunkel. Die Wolken sind mächtiger als ich."

Da ging der Mäuserich zu den Wolken.

„Ich habe eine wunderschöne Tochter Maus", sagte er zu dem dicksten Wolkerich. „Ich gebe sie dir zur Frau, weil du mächtiger bist als die Sonne."

Aber der Wolkerich wollte auch keine Maus heiraten.

„Geh zum Wind", sagte er zu dem Mäuserich. „Der Wind ist mächtiger als wir Wolken. Der Wind bläst uns, wohin er will."

Der Mäuserich ging zum Wind und wollte ihn mit seiner Tochter Maus verheiraten. Der Wind aber sagte: „Von Herzen gern würde ich deine wunderschöne Tochter Maus heiraten. Aber ich bin nicht der Mächtigste. Siehst du den Turm dort stehen? Seit hundert Jahren oder noch länger blase ich, aber den Turm kann ich nicht umblasen."

Der Mäuserich ging zum Turm und bat ihn, seine Tochter zu heiraten. Der Turm aber sagte: „Horch einmal!"

Der Mäuserich spitzte die Ohren.

Da hörte er es im Innern des Turms knistern und trappeln und scharren und nagen.

„Das sind die Mäuse", sagte der Turm. „Sie nagen und nagen, sie scharren und trappeln. Sie haben schon viele Löcher in mich genagt und gescharrt. Bald werde ich einstürzen. Die Mäuse sind stärker als der stärkste Turm."

Der Turm hat recht, dachte der Mäuserich. Stärker und mächtiger als wir Mäuse ist niemand auf der Welt.

Und er gab seine Tochter Maus einem Mäuserich zur Frau.

Wahr um ein Haar

Mein Großvater war furchtbar stark. So stark war mein Großvater, daß er – also, ich kann gar nicht sagen, wie stark mein Großvater war. Und er war auch furchtbar reich. Er hatte einen Ochsen und einen ganzen Sack Weizen und einen Garten.

Der Ochse gehörte ihm zwar nicht, und der Garten auch nicht, und der Sack auch nicht. Aber drei Weizenkörner hatte er doch. Und da sagte mein Großvater zu mir: „Geh, mein Lieber, und trag meinen Weizen in die Mühle!"

Ich nahm also die drei Weizenkörner und schleppte mich damit ab bis zur Mühle. Als ich bei der Mühle ankam, da war die Mühle nicht zu Hause, nur der Müller.

„Wo ist denn die Mühle?" fragte ich.

„Die ist in den Wald gegangen", antwortete der Müller. „Sie wollte Erdbeeren pflücken."

„Mein furchtbar starker Großvater, der furchtbar reich ist, hat mich mit seinem Weizen hergeschickt", sagte ich. „Wie soll man den Weizen mahlen, wenn keine Mühle da ist?"

„Geh in den Wald", antwortet der Müller. „Hilf der Mühle beim Erdbeerpflücken, dann ist sie schneller fertig und schneller wieder da."

Ich ging also in den Wald. Vorher steckte ich meinen Spazierstock neben den Müller in den Erdboden. Und dann machte ich mich auf. Im Wald hörte ich Geklapper. Es klapperte und klapperte. Ich ging weiter, und da klapperte es noch lauter. Als ich zum Erdbeerschlag kam, war da die Mühle, aber vor lauter Klappern kam sie nicht zum Erdbeerpflücken. Ich pflückte ihr den Korb voll, und dann gingen wir zurück.

Als wir beim Müller waren, was sah ich da! Mein Spazierstock hatte Wurzeln geschlagen und war ein Riesenbaum geworden. Oben in den Zweigen hing ein Starennest voll kleiner Stare.

Ich kletterte hinauf und steckte die Vögel in die Hosentasche.

Wie ich wieder herunterklettern wollte, flatterte es in meiner Hosentasche. Es flatterte und flatterte, und – heidi – schon trugen mich die Stare vom Baum weg, und ich flog über Berg und Tal und Wald bis zu einem großen See. Als ich über den See flog, sah ich am Ufer die Bauersfrauen Wäsche waschen. Da schrie ich hinunter: „Hallo, wie spät ist es?"

Waren die erschrocken! Und wie sie geschrien haben!

Vor lauter Schreck schossen die Stare aus meiner Hosentasche heraus, und da platschte ich hinunter, mitten in den See.

Zum Glück fiel mir ein, daß mein furchtbar starker, furchtbar reicher Großvater in seiner Rocktasche daheim eine große Nußschale hat.

Ich lief schnell heim, holte mir die Nußschale, und darin konnte ich aus dem großen See ans Ufer rudern.

>Ist das auch wahr?
>Beinah, um ein Haar!

Sieben Esel und noch einer

Ein Mann hatte sieben Esel und wollte sie verkaufen. Bevor er auf den Markt ritt, zählte er sie ab: „Eins, zwei, drei, vier, fünf, sechs, sieben! Sehr gut! Sieben Esel!" Dann setzte er sich auf einen der Esel und ritt mit den anderen fort.

Unterwegs dachte er: Vielleicht habe ich mich verzählt. Vielleicht sind es gar nicht sieben Esel? Und er fing an zu zählen: „Eins, zwei, drei, vier, fünf, sechs!" Weiter kam er nicht. Er hatte nämlich vergessen, daß er selber auf dem siebenten Esel saß und zählte ihn daher nicht mit.

Nochmals begann der Mann zu zählen: „Eins, zwei, drei, vier, fünf, sechs!" Wieder kam er nicht weiter. Wieder fing er an zu zählen. Er zählte und zählte, aber es blieben nur sechs Esel, weil er stets den nicht mitzählte, auf dem er selber saß. Da sagte er zu sich: „Ich reite am besten nach Hause und bitte meine Frau, daß sie die Esel nachzählt."

Der Mann ritt also nach Hause zurück, und weil es ein weiter Weg war, kam er erst abends daheim an.

Die Frau lief aus dem Haus und rief: „Ich habe gedacht, du wolltest die Esel verkaufen?"

„Ja, das wollte ich", antwortete der Mann. „Aber etwas stimmt nicht. Ich bin mit sieben Eseln weggeritten, und jetzt sind es nur noch sechs. Sei so gut und zähl die Esel nach!"

„Eins, zwei, drei, vier, fünf, sechs, sieben", zählte die Frau, „und noch einer ist acht!"

„Acht Esel?" rief der Mann. „Jetzt verstehe ich gar nichts mehr. Mit sieben Eseln bin ich weggeritten. Mit sechs war ich unterwegs. Mit acht bin ich heimgekommen? Ich habe keinen Esel verkauft, und ich habe keinen Esel verschenkt, und ich habe keinen verloren. Weggelaufen ist mir auch keiner. Und jetzt sind es auf einmal acht Esel? Wie kann das nur sein?"

Da lachte die Frau und sagte: „Hier stehen sechs Esel! Und auf einem sitzt du. Das sind sieben! Und auf diesem siebenten Esel sitzt der achte, und das bist du! Komm, steig ab! Ich habe was Gutes zum Nachtmahl gekocht. Und kränk dich nicht. Jeder Mensch kann sich einmal verzählen."

Da mußte auch der Mann lachen, und sie gingen beide ins Haus und aßen fröhlich zu Abend.

Rätselmärchen

Es flog ein Vogel Federlos
auf einen Baum Blattlos.
Da kam die Frau Mundlos
und aß den Vogel Federlos.

Dann ging sie über den Himmel,
da kam daher ein Schimmel.
Der Schimmel, der flog ohne Flügel
über die Täler und Hügel.
Jetzt kriegt er viele Vögelein,
die alle ohne Federn sein.
Wer ist der Vogel Federlos?
Wer ist die Frau Mundlos?
Und der Schimmel am Himmel,
wer
ist der?

Die Bremer Stadtmusikanten

Ein Mann hatte einen Esel, der lange Jahre für ihn arbeitete. Als der Esel aber alt und schwach geworden war, wollte sein Herr den unnützen Fresser nicht länger im Haus haben. Das merkte der Esel und lief fort. Er machte sich auf den Weg nach Bremen. Dort, dachte er, kann ich Stadtmusikant werden.

Als er ein Weilchen gegangen war, fand er auf dem Weg einen Jagdhund liegen, der japste wie einer, der sich müde gelaufen hat.

„Was japst du so?" fragte der Esel.

„Ach", sagte der Hund, „weil ich alt bin und jeden Tag schwächer werde, will mein Herr mich totschlagen. Da habe ich Reißaus genommen. Womit soll ich nun mein Brot verdienen?"

„Weißt du was?" sprach der Esel. „Ich gehe nach Bremen und werde dort Stadtmusikant. Geh mit und laß dich auch bei der Musik anstellen."

Der Hund war damit zufrieden, und sie gingen gemeinsam weiter. Es dauerte nicht lange, da saß eine Katze am Weg und machte ein Gesicht wie drei Tage Regenwetter.

„Was ist denn los mit dir, alter Bartputzer?" fragte der Esel.

„Wer kann lustig sein, wenn's ihm an den Kragen geht?" antwortete die Katze. „Weil ich alt bin und keine Mäuse mehr jagen kann, wollte mich die Bäuerin ins Wasser werfen. Ich habe mich zwar noch fortgeschlichen, aber wohin soll ich jetzt?"

„Geh mit uns nach Bremen", sagte der Esel. „Du verstehst dich doch auf Nachtmusik, da kannst du Stadtmusikant werden."

Die Katze ging mit. Bald danach kamen die drei an einem Bauernhof vorbei, da saß auf dem Tor der Haushahn und krähte aus Leibeskräften.

„Du krähst, daß es einem durch Mark und Bein geht", sprach der Esel. „Was hast du denn?"

„Ich krähe, solange ich noch kann", antwortete der Hahn. „Morgen will mich die Hausfrau in der Suppe kochen."

„Zieh mit uns nach Bremen", sagte der Esel. „Du hast eine gute Stimme, und wenn wir zusammen musizieren, wird es allen gefallen."

Dem Hahn war der Vorschlag recht, und so gingen sie alle vier gemeinsam weiter. Am Abend kamen sie in einen Wald, wo sie übernachten wollten. Der Esel und der Hund legten sich unter einen großen Baum. Die Katze setzte sich auf einen Ast. Der Hahn flog in den Wipfel hinauf.

Von dort oben sah er in der Ferne ein Fünkchen Licht. „Nicht weit von hier ist ein Haus", rief er seinen Freunden zu.

„Gehen wir hin", sagte der Esel.

Also gingen sie auf das Licht zu und kamen bald zu einem hellerleuchteten Haus. Der Esel ging zum Fenster und schaute hinein.

„Was siehst du, Grauer?" fragte der Hahn.

„Was ich sehe?" antwortete der Esel. „Räuber! Sie sitzen an einem gedeckten Tisch und lassen es sich gut schmecken."

„Das wäre was für uns", sprach der Hahn.

„Ach ja", sagte der Esel.

Da hielten die Tiere Rat, wie sie die Räuber fortjagen könnten, und endlich fiel ihnen etwas ein.

Der Esel stellte sich mit den Vorderfüßen auf das Fenster. Der Hund sprang dem Esel auf den Rücken. Die Katze kletterte auf den Hund. Der Hahn flog hoch und setzte sich der Katze auf den Kopf.

Dann fingen sie auf ein Zeichen an, ihre Musik zu machen.

> Der Esel brüllte.
> Der Hund bellte.
> Die Katze miaute.
> Der Hahn krähte.

Sie stürzten durchs Fenster in die Stube hinein, daß die Scheiben klirrten. Die Räuber sprangen in die Höhe. „Ein Gespenst!" schrien sie und flohen voller Angst in den Wald. Nun setzten sich die vier Tiere an den Tisch und aßen und tranken, was die Räuber übriggelassen hatten.

Als sie satt waren, löschten sie das Licht und suchten sich jeder ein Plätzchen zum Schlafen.

> Der Esel legte sich in den Hof.
> Der Hund legte sich hinter die Tür.
> Die Katze legte sich auf den warmen Herd.
> Der Hahn setzte sich auf den Dachbalken.

Weil sie nach dem langen Weg müde waren, schliefen sie auch bald ein.

Mitternacht war vorbei, und die Räuber sahen von weitem, daß in dem Haus kein Licht mehr brannte. „Wir hätten nicht so schnell fortlaufen sollen!" sagte der Hauptmann und schickte einen seiner Räuber hin, der sollte das Haus untersuchen.

Der Räuber schlich in die dunkle Küche, hielt die feurigen Augen der Katze für glühende Kohlen und wollte gleich ein Streichhölzchen daran anzünden. Aber die Katze verstand keinen Spaß; sie sprang ihm ins Gesicht, fauchte und kratzte. Der Räuber erschrak gewaltig und wollte zur Hintertür hinaus. Dort lag aber der Hund, der sprang auf und biß ihn ins Bein. Als der Räuber über den Hof rannte, gab ihm der Esel einen tüchtigen Tritt mit dem Hinterhuf. Der Hahn aber wachte auf und rief vom Dachbalken herab: „Kikeriki! Kikeriki!"

Da rannte der Räuber zu seinem Hauptmann zurück und sagte:

„In dem Haus sitzt eine greuliche Hexe, die hat mir das Gesicht zerkratzt. Vor der Tür steht ein Mann mit einem Messer, der hat mich ins Bein gestochen. Auf dem Hof liegt ein schwarzes Ungetüm, das hat mit einer Keule auf mich losgeschlagen. Und oben auf dem Dach sitzt der Richter, der hat gerufen: ‚Bringt mir den Dieb! Bringt mir den Dieb!' Da machte ich, daß ich fortkam."

Von nun an getrauten sich die Räuber nicht mehr in das Haus zurück. Den vier Bremer Stadtmusikanten gefiel es aber so gut darin, daß sie für immer blieben.

Die furchtbar starke Mücke

Es war einmal eine Mücke, die summte vergnügt im Sonnenschein. Da kam ein großer Sturm, faßte die kleine Mücke und wirbelte sie durch die Luft. Die Mücke wollte sich an einem Baum festhalten, aber der Sturm riß sie wieder los und blies sie zum nächsten Baum. Auch an dem konnte sich die Mücke nicht festhalten. Endlich, beim dritten Baum, fand sie ein Versteck in der Baumrinde. Die Mücke verkroch sich darin und wartete, bis der Sturm aufhörte.

Als der große Sturm vorüber war, kam die kleine Mücke aus ihrem Versteck. Sie traf ein paar andere Mücken, die sich auch irgendwo versteckt hatten und sich erst jetzt wieder hervorwagten.

„Ein furchtbar starker Sturm!" sagten die Mücken zu der Mücke.

„Ja", antwortete die Mücke. „Ein ganz furchtbar starker Sturm! Ich habe alle Hände voll zu tun gehabt und bin von einem Baum zum andern geflogen, um ihn festzuhalten. Der furchtbar starke Sturm hätte ja alle Bäume umgestürzt, wenn ich nicht furchtbar stärker gewesen wäre! Aber ich habe die Bäume festgehalten, und so hat der Sturm sie nicht umblasen können!"

Die anderen Mücken kicherten, das klang so leise wie Mückensummen. Lauter zu lachen, getrauten sie sich nicht. Es hätte ja sein können, daß die Mücke wirklich furchtbar stark war. Es hätte sein können! Wer weiß so was schon ganz genau?

Der furchtsame Drache

Mitten im Urwald lebte der letzte Drache der Welt. Alle anderen Drachen waren gestorben, als er noch sehr klein war, und er erinnerte sich nicht mehr an sie. Niemand hatte ihm gesagt, daß er ein Drache war und daß sich alle anderen Geschöpfe vor Drachen fürchten. Er nährte sich von Gras und Früchten und hielt sich für schwach und schutzlos. Weil ihm alle anderen Tiere aus dem Weg gingen, glaubte der Drache, daß sie ihn verachteten.

Einmal geschah es, daß ein junger Bursche namens Pablito durch den Urwald ging und sich plötzlich dem Drachen gegenübersah. Pablito war nicht feig, aber als er den Drachen sah, fürchtete er sich sehr. Bald aber merkte er, daß der Drache genausoviel Angst vor ihm hatte wie er vor dem Drachen. Das Tier duckte sich zu Boden und zitterte am ganzen schuppigen Leib.

Als Pablito einen starken Ast packte, sprangen dem Drachen Tränen aus den Augen. „Oh bitte, tu mir nichts!" rief der Drache. „Bitte, wirf den Stock weg!"

Der Bursche mußte lachen, warf den Stock weg und fragte: „Wo kommst denn du her?"

Noch nie hatte jemand den Drachen freundlich angesprochen. Er wurde zutraulich und erzählte dem Burschen von seinem einsamen Leben im Urwald. Als Pablito weiterging, lief er ihm nach. Und als Pablito abends ein Lagerfeuer anzündete, kroch der Drache ganz nahe zu ihm hin und legte sich neben dem Feuer schlafen.

Am Morgen wanderten die beiden gemeinsam weiter. Weil der Tag heiß war, wurde Pablito bald müde. „Willst du dich nicht auf meinen Rücken setzen?" fragte der Drache. „Ich könnte mit dir ein Stückchen fliegen, das geht schneller."

Pablito setzte sich auf den Rücken des Drachen. Der Drache breitete die Flügel aus und erhob sich in die Luft. Pablito fand es herrlich, so hoch über dem Urwald dahinzufliegen. Er konnte nicht genug davon bekommen. „Flieg nur immer weiter!" rief er. „Flieg mit mir in die Welt hinaus!"

Sofort ließ sich der Drache auf den Boden sinken. „O nein", flüsterte er, „in die Welt hinaus will ich nicht, ich fürchte mich zu sehr."

„Solange du bei mir bist, kann dir nichts geschehen", prahlte Pablito. „Ich bin stark und werde dich beschützen."

Der Drache stieg wieder in die Luft, und sie flogen und flogen und flogen viele Tage lang, bis sie die schimmernden Dächer einer großen Stadt unter sich liegen sahen. Pablito befahl dem Drachen, auf einer Wiese vor der Stadt zu landen. Der Drache versteckte sich in einem dichten Gebüsch, und Pablito ging in die Stadt hinein. Er wanderte durch die Straßen und kam zu einem prächtigen Schloß.

In dem Schloß lebte eine Prinzessin, die wollte nur den tapfersten Mann der Welt heiraten. Schon viele Prinzen und Königssöhne waren gekommen und hatten um sie geworben. Jedem stellte die Prinzessin drei Aufgaben, aber bisher hatte keiner diese erfüllen können. Als Pablito das hörte, ging er in den Palast und fragte die Prinzessin: „Was sind das für Aufgaben?"

Die Prinzessin schaute ihn hochmütig an und sagte: „Hol mir

den Ring meines Vaters, den die Hexe gestohlen hat. Das kannst du gewiß nicht."

Pablito kehrte auf die Wiese zurück. Er setzte sich auf den Rücken des Drachen, und sie flogen über das ganze Land und suchten die Hexe. Endlich kamen sie zu einem wilden Gebirge, und dort fanden sie das Hexenhaus.

„Gib acht", sagte Pablito zu dem Drachen, „ich werde jetzt einmal blasen, dann fliegt die Hütte davon. Weil du mein Freund bist, darfst du mir dabei helfen. Stoß mit den Flügeln fest an das Dach!"

„Werde ich mir dabei weh tun?" fragte der Drache besorgt.

„Aber nein!" antwortete Pablito.

Der Drache senkte sich nieder und stieß mit seinen Flügeln gegen das Hexenhaus. Innen saß die Hexe, löffelte ihre Hexensuppe und wunderte sich, daß sie plötzlich kein Dach mehr über ihrem Kopf hatte. Sie blickte auf, und da sah sie einen riesigen schuppigen Drachen. Vor Schreck vergaß sie alle ihre Hexenkünste und floh kreischend davon.

Pablito stieg schnell vom Drachen, durchsuchte die Hütte und hatte bald den gestohlenen Ring gefunden. Er kletterte wieder auf den Rücken des Drachen und sagte: „Siehst du, sogar die Hexe läuft vor mir davon!"

Voller Bewunderung sah ihn der Drache an.

Als Pablito am nächsten Morgen der Prinzessin den Ring brachte, war sie schon viel weniger hochmütig und sagte: „Hinter der Stadt stehen hundert uralte Bäume. Niemand hat sie bisher umhauen können. Die mußt du in einer Nacht fällen! Das ist die zweite Aufgabe."

Pablito ging zu seinem Drachen zurück und sagte: „Hinter der Stadt stehen ein paar Bäumchen, die soll ich ausreißen. Das ist eine Kleinigkeit für mich. Ich möchte aber, daß sie ordentlich nebeneinander hinfallen. Dabei kannst du mir helfen. Du brauchst nur ein bißchen an diesem Seil zu ziehen."

Der Drache trottete gehorsam hinter Pablito her. Als er sah, wie groß und dick die Bäume waren, jammerte er: „So groß! Wenn da einer auf mich fällt, tut er mir weh!"

„Hab keine Angst", sagte Pablito. „Ich passe schon auf, daß dir nichts geschieht."

Er band das Seil um den ersten Baum und schlang das andere Seilende um den Schwanz des Drachen. Dann tat er, als ob er sich mit aller Kraft gegen den Baum stemmte. Der Drache machte einen kleinen Schritt vorwärts – und der Baum lag entwurzelt am Boden.

„Wie stark du bist!" rief der Drache.

Nach kaum einer Stunde waren alle hundert Bäume gefällt.

Als die Prinzessin erfuhr, daß Pablito auch die zweite Aufgabe erfüllt hatte, blickte sie ihn freundlich an. „Eine Aufgabe ist noch übrig", sagte sie, „wenn du sie erfüllst, werde ich deine Frau. Am Ende des Königreiches liegt ein Wald, darin hausen wilde Tiere. Sie zertrampeln die Felder der Bauern, sie fressen die Kühe und Schafe, und niemand kann dort ohne Angst leben. Geh hin und verjage alle diese Raubtiere!"

Pablito ließ sich von seinem Drachen zum Ende des Königreiches fliegen. Der Wald war nicht schwer zu finden. Schon von weitem hörte man das Geheul der Raubtiere. Der Drache wandte zitternd den Kopf und schaute Pablito ängstlich an.

„Du wirst dich doch nicht vor diesen paar Ungetümen fürchten?" sagte Pablito. „Die rennen doch, wenn sie mich nur sehen!"

Als die Raubtiere das Flügelgeknatter hörten und einen schrecklichen Drachen über den Wald daherfliegen sahen, flohen sie voller Angst tief in den Wald hinein und kehrten nie wieder.

Pablito heiratete die Prinzessin. Zum Hochzeitsfest strömten die Leute aus dem ganzen Königreich herbei. Alle wollten Pablito und seinen Drachen sehen. Vor den vielen Menschen bekam der Drache Angst und war froh, als das Fest vorbei war.

Die Prinzessin ließ ein großes Stück des Schloßparks einzäunen, und dort lebte der Drache zufrieden und ungestört. Am glücklichsten aber war er, wenn Pablito und die Prinzessin ihn besuchten, und wenn er sie auf seinem schuppigen Rücken über das Königreich fliegen durfte.

Katze Nimmersatt

Eine Frau hatte eine Katze, die konnte so furchtbar viel fressen. Einmal leckte sie einen Topf voll Milch aus, fraß den Topf noch dazu und war noch immer nicht satt. Sie schlich in die Speisekammer und fraß sie leer. Sie fraß zehn Würste, zwei Schinken und drei ganze Kuchen. „Katze, jetzt hast du aber genug gefressen!" sagte die Frau.

„Noch nicht", antwortete die Katze und fraß die Frau auf.

Dann lief sie fort und traf ein Wiesel, das saß auf einem Stein.

„Guten Tag, Wiesel", sagte die Katze.

„Guten Tag, Katze", sagte das Wiesel. „Hast du heute schon was gefressen?"

„Nur ein bißchen", antwortete die Katze. „Nur einen Topf voll Milch und den Topf dazu, zehn Würste, zwei Schinken, drei ganze Kuchen und meine Frau. Aber satt bin ich noch nicht."

Und die Katze packte das Wiesel und fraß es auf.

Als sie eine Weile gegangen war, kam sie an einen Haselbusch. Da saß ein Eichhörnchen und sammelte Nüsse.

„Guten Tag, Eichhörnchen", sagte die Katze.

„Guten Tag, Katze", sagte das Eichhörnchen. „Hast du heute schon was gefressen?"

„Nur ein bißchen", antwortete die Katze. „Nur einen Topf voll Milch und den Topf dazu, zehn Würste, zwei Schinken, drei Kuchen, meine Frau und das Wiesel auf dem Steinhaufen. Aber satt bin ich noch nicht."

Und die Katze packte das Eichhörnchen und fraß es auf.

Als sie noch ein Weilchen gegangen war, traf sie den Fuchs.

„Guten Tag, Fuchs", sagte die Katze.

„Guten Tag, Katze", sagte der Fuchs. „Hast du heute schon was gefressen?"

„Nur ein bißchen", antwortete die Katze. „Nur einen Topf voll Milch und den Topf dazu, zehn Würste, zwei Schinken, drei ganze Kuchen, meine Frau, das Wiesel auf dem Stein und das Eichhörnchen im Haselbusch. Aber satt bin ich noch nicht."

Und die Katze packte den Fuchs und fraß ihn auf.

Wieder nach einer Weile traf sie den Wolf.

„Guten Tag, Wolf", sagte die Katze.

„Guten Tag, Katze", sagte der Wolf. „Hast du heute schon was gefressen?"

„Nur ein bißchen", antwortete die Katze. „Nur einen Topf voll Milch und den Topf dazu, zehn Würste, zwei Schinken, drei Kuchen, meine Frau, das Wiesel auf dem Stein, das Eichhörnchen im Haselbusch und den Fuchs. Aber satt bin ich noch nicht."

Und die Katze packte den Wolf und fraß ihn auf.

Als die Katze ein wenig weitergegangen war, traf sie den Bären.

„Guten Tag, Bär", sagte die Katze.

„Guten Tag, Katze", sagte der Bär. „Hast du heute schon was gefressen?"

„Nur ein bißchen", antwortete die Katze. „Nur einen Topf voll Milch und den Topf dazu, zehn Würste, zwei Schinken, drei Kuchen, meine Frau, das Wiesel auf dem Stein, das Eichhörnchen im Haselbusch, den Fuchs und den Wolf. Aber satt bin ich noch nicht."

Und die Katze packte den Bären und fraß ihn auf.

Nun ging die Katze lang und länger und kam zu einem Schulhaus.

„Guten Tag, Kinder", sagte die Katze.

„Guten Tag, Katze", sagten die Kinder. „Hast du heute schon was gefressen?"

„Nur ein bißchen", antwortete die Katze. „Nur einen Topf voll Milch und den Topf dazu, zehn Würste, zwei Schinken, drei Kuchen, meine Frau, das Wiesel auf dem Stein, das Eichhörnchen im Haselbusch, den Fuchs, den Wolf und den Bären. Aber satt bin ich noch nicht."

Und die Katze fraß die Kinder und die Lehrerin obendrein.

Als die Katze das alles verschlungen hatte, ging sie geradenwegs in den Himmel hinauf und traf auf einer Wolke den Mond.

„Guten Tag, Mond", sagte die Katze.

„Guten Tag, Katze", sagte der Mond. „Hast du heute schon was gefressen?"

„Nur ein bißchen", antwortete die Katze. „Nur einen Topf voll Milch und den Topf dazu, zehn Würste, zwei Schinken, drei Kuchen, meine Frau, das Wiesel auf dem Stein, das Eichhörnchen im Haselbusch, den Fuchs, den Wolf, den Bären, eine ganze Schule Kinder und die Lehrerin obendrein. Aber satt bin ich noch nicht."

Und die Katze fraß den Mond auf. Dann wanderte sie weiter und wanderte lange und kam zur Sonne.

„Guten Tag, Sonne", sagte die Katze.

„Guten Tag, Katze", sagte die Sonne. „Hast du heute schon was gefressen?"

„Nur ein bißchen", antwortete die Katze. „Nur einen Topf voll Milch und den Topf dazu, zehn Würste, zwei Schinken, drei Kuchen, meine Frau, das Wiesel auf dem Stein, das Eichhörnchen im Haselbusch, den Fuchs, den Wolf, den Bären, eine ganze Schule Kinder und die Lehrerin obendrein und den Mond auf der Wolke. Aber satt bin ich noch nicht."

Und die Katze fraß die Sonne auf.

Nun hatte die Katze genug gefressen und war endlich satt. Sie schloß die Augen, schlief ein und fiel vom Himmel und fiel auf die Erde.

Da platzte sie auf.

Sonne und Mond rollten heraus und stiegen eilends in den Himmel hinauf. Dann kamen die anderen, schön der Reihe nach, waren frisch und munter wie zuvor und gingen heim, das Wiesel, das Eichhörnchen, der Fuchs, der Wolf, der Bär, die Kinder und die Lehrerin. Die Frau nahm den Topf Milch, die zehn Würste, die zwei Schinken und die drei ganzen Kuchen und wanderte heimzu.

Nach einer Weile erwachte die Katze.

„Mir scheint", sagte sie, „ich habe doch zu viel gefressen."

Sie kaufte Nadel und Zwirn, nähte das Loch im Bauch zu und lief nach Hause. Die Frau stellte ihr ein Schüsselchen Milch hin.

„Bist du satt, Katze?" fragte die Frau, als die Katze die Milch geleckt hatte.

„Danke, ja", sagte die Katze.

Trippelmaus und Trappelmaus

Trippelmaus und Trappelmaus
wohnten in ihrem Mausehaus.
Trippelmaus ging aufs Feld hinaus
und brachte ein Weizenkorn nach Haus.
Trappelmaus schälte das Weizenkorn aus
und kochte Weizenkornmehlsuppe draus.
Trippelmaus rührte die Suppe um,
da kippte, wie dumm, der Suppentopf um.
Trippelmaus hat sich die Pfoten verbrannt

und setzte sich weinend hin an die Wand.
Trappelmaus setzte sich daneben
und weinte wie noch nie im Leben.

Der Hocker fragte: „Was weinst du so?"
Die Trappelmaus schluchzte: „Oh! Oh! Oh!
Trippelmaus hat sich die Pfoten verbrannt,
drum sitzen und weinen wir hier an der Wand!"
Da schrie der Hocker: „Das ist zu dumm!
Wenn ihr weint, muß ich hüpfen!" und hüpfte herum.

Das sah der Besen und schrie: „Hallo!
Mein lieber Hocker, was hüpfst du denn so?"
Der Hocker sagte: „Wenn Mäuse weinen,
kribbelt's und krabbelt's mir in den Beinen.
Trippelmaus hat sich die Pfoten verbrannt,
jetzt weinen die Mäuse dort an der Wand!"

„Wenn Hocker hüpfen, dann kehr' ich das Zimmer!"
sagte der Besen. „So mach ich es immer",
und kehrte die Stube bis zur Tür.
Da fragte die Tür: „Was tust du denn hier?"
„Trippelmaus hat sich die Pfoten verbrannt,
jetzt weinen zwei Mäuse dort an der Wand,
der Hocker hüpft, und ich muß kehren",
sagte der Besen. „Willst du mir's wehren?"

Da rief die Tür: „Das ist aber traurig!
Da muß ich knarren!" und knarrte schaurig.
Gleich quietschte das Fenster Weh und Ach.
Die alte Bank vor dem Hause sprach:
„Fenster, was quietschst du so? Sag mir, warum?"
Da quietschte das Fenster: „Der Kochtopf fiel um,
und Trippelmaus hat sich die Pfoten verbrannt.
Jetzt weinen zwei Mäuse dort an der Wand.
da soll mir keiner das Quietschen verwehren.
Es knarrt doch sogar die starke Tür!"

Da sagte die Bank: „Ich kann nichts dafür,
ich muß wackeln und rennen vor lauter Graus!"
Und schon lief die alte Bank um das Haus.
Es wuchs ein großer Nußbaum im Gras,
der fragte die Bank: „Was soll denn das?
Eine Bank, die ums Haus rennt, ja gibt's denn so was?"
Da schrie die Bank: „Ich muß wackeln und rennen,
wenn sich zwei Mäuse die Pfoten verbrennen!
Der Schreck, der bringt mich noch ins Grab!"

Der Nußbaum warf seine Blätter ab
und stand ganz kahl und traurig dort.
Da sagte ein Vogel: „Gleich fliege ich fort!
Ich kenne ein sehr gescheites Mädchen,
das hat eine Salbe für Mausepfötchen,
für verbrannte Mausepfötchen!"

Und wie ging die Geschichte aus?
Bald war's wieder lustig im Mausehaus.
Der Vogel flog und holte das Mädchen,
das Mädchen tat Salbe auf die Pfötchen,
der Hocker, der hüpfte, der Besen, der sprang,
es hopste und tanzte die alte Bank,
der Nußbaum hat neue Blätter gekriegt,
und alle waren wieder vergnügt.

Hans im Glück

Eine Mutter hatte einen einzigen Sohn. Hans war ein fröhlicher Bursch. Immer, wenn seine Mutter traurig war, weil sie ihm nicht genug zu essen geben konnte, sagte er: „Wenn ich groß bin, will ich einen Klumpen Gold verdienen und dir nach Hause bringen. Dann sitzen wir im Glück."

Eines Tages zog er fort. Die Mutter stand in der Tür, winkte ihm nach und sagte: „Geh, mein Hans im Glück, und komm mir gesund wieder!"

Hans suchte Arbeit und nahm sie, wo er sie fand, einmal da, einmal dort, aber einen Goldklumpen verdiente er sich nirgends.

Einmal kam er zu einem reichen Mann. Hans sagte zu ihm: „Du mußt mir einen Klumpen Gold versprechen, sonst fang' ich die Arbeit erst gar nicht an."

„Einen Klumpen Gold kannst du schon bekommen, so groß wie dein Kopf", sagte der reiche Mann. „Dafür mußt du mir aber sieben Jahre dienen."

Hans diente dem reichen Mann sieben Jahre lang, dann bekam er den Goldklumpen. Er zog sein Tüchlein aus der Tasche, wickelte den Goldklumpen hinein, setzte ihn auf die Schulter und machte sich auf den Weg nach Hause.

Der Weg war weit, und der Klumpen Gold war schwer. Wie Hans so dahintrottete und immer müder wurde, kam ein Reiter dahergetrabt. „Wie muß das schön sein, so dahinzureiten!" sprach Hans ganz laut. „Man stößt sich an keinen Stein und spart die Schuhe noch dazu."

Der Reiter hielt neben Hans an und rief: „Warum läufst du dann zu Fuß, wenn du lieber reiten würdest?"

„Ich muß ja wohl laufen", antwortete Hans. „Ich muß den Klumpen da heimbringen. Es ist zwar Gold, aber der Klumpen drückt mir auf die Schulter, und ich kann den Kopf nicht gerade halten."

„Weißt du was", sagte der Reiter, „wir wollen tauschen. Ich gebe dir mein Pferd, und du gibst mir den Klumpen."

„Es gilt!" sagte Hans. „Mit einem Pferd bin ich viel schneller zu Hause."

Er wickelte den Goldklumpen aus dem Tüchlein und gab ihn dem Reiter, und der gab ihm das Pferd.

„Halt!" rief Hans dem Reiter nach, als der sich mit dem Gold fortmachen wollte. „Nimm noch das Tüchlein dazu. Ohne Tüchlein läßt sich so ein Klumpen schwer schleppen." Und er gab das Tüchlein noch darauf.

Dann ritt er vergnügt die Straße weiter. Über ein Weilchen fiel ihm ein, es sollte schneller gehen. Er fing an, mit der Zunge zu schnalzen und rief: „Hopp, hopp, hopp, Pferdchen lauf Galopp!"

Da fing das Pferd zu springen an, und Hans lag im Straßengraben. Das Pferd wäre durchgegangen, hätte nicht ein Bauer es aufgehalten, der des Weges kam und eine Kuh vor sich hertrieb. Hans rappelte sich aus dem Graben. Das Pferd schnaubte und stampfte, die Kuh stand freundlich da und sah Hans aus guten braunen Augen an. Ein Pferd ist nichts für mich, dachte Hans und rieb sich Arm und Bein. „Die Kuh da, wenn ich die meiner Mutter heimbringen könnte!" sagte er laut. Der Bauer hörte das und sagte: „Wollen wir tauschen?"

Daheim werde ich nicht viel zum Reiten kommen, dachte Hans. Die Kuh aber gibt Milch, und daraus kann man Butter und Käse bereiten. „Es gilt!" sagte Hans. „Behalte mein Pferd, und ich nehme die Kuh."

Mit der Kuh am Strick wanderte Hans seiner Heimat zu. Es war heiß, und er war durstig. Ich will die Kuh melken, dachte er. Weil er keinen Eimer hatte, stellte er seine Ledermütze unter die Kuh und begann zu melken. Er hatte aber noch nie eine Kuh gemolken, und es kam kein Tropfen Milch. Endlich wurde die Kuh ungeduldig und schlug ihn mit dem Hinterfuß auf den Kopf. Hans fiel zu Boden und wußte nicht recht, wo er war.

Glücklicherweise kam ein Mann des Weges, der ein junges Schwein in einem Schubkarren führte. Der Mann half Hans auf die Beine und sagte: „Diese Kuh willst du melken? Die ist alt und gibt keine Milch mehr. Die kann man nur noch schlachten."

Hans kamen die Tränen. „Das Fleisch einer alten Kuh ist zäh, das kann meine Mutter nicht mehr beißen", sagte er. „Wenn ich doch das Schwein dafür hätte!"

„Dir zuliebe will ich tauschen", sagte der Mann. Er gab Hans das Schwein und trieb die Kuh fort.

Hans ging mit dem Schwein weiter. Er wäre schon gern daheim gewesen. Nach einer Weile gesellte sich ein Bursch zu ihm, der eine schöne weiße Gans unter dem Arm trug. Sie gingen nebeneinander her, und wie sie ins Reden kamen, erzählte Hans alles, was er auf dem Weg erlebt hatte.

Der Bursch mit der Gans dachte: Der läßt sich leicht übers Ohr hauen! Und er sagte: „In dem Dorf, durch das ich eben gekommen bin, hat einer dem Bürgermeister ein Schwein gestohlen. Ich fürchte, du hast es von dem Dieb eingetauscht! Wenn sie das Schwein bei dir finden, geht's dir schlecht."

Hans schaute ängstlich drein.

„Gib mir doch das Schwein!" sagte der Bursch. „Ich geb' dir meine Gans dafür. Ich kenne mich hierherum besser aus und kann das Schwein verstecken."

Da dachte Hans: Eine Gans unter dem Arm ist besser als eingesperrt werden! Und er gab das Schwein für die Gans.

Die Gans war schön weiß und schnatterte ihn freundlich an. Hans dachte: Gänsebraten ist auch etwas Gutes. Und die weißen Federn kann meine Mutter für ihr Kopfkissen brauchen.

Im letzten Dorf stand ein Scherenschleifer mit seinem Karren und schliff Scheren und Messer auf seinem Schleifstein. Dazu sang er ein lustiges Lied und sah so vergnügt aus, daß Hans stehenblieb und ihm bei der Arbeit zuschaute. Der Scherenschleifer sah den Hans mit der Gans und begann mit ihm zu reden, und Hans erzählte wieder einmal seine Geschichte.

Nun war der Scherenschleifer ein armer Mann, der schon lang keinen Gänsebraten gegessen hatte, und er meinte, diese Gans da wäre leicht zu bekommen. „Eine Gans ist bald aufgegessen", sagte er. „So ein Schleifstein hält länger, und man kann sich immer damit sein Brot verdienen. Willst du nicht mit mir tauschen?"

Er hat recht, dachte Hans. Eine Gans ist bald aufgegessen.

„Brauchst du den Schleifstein nicht selber?" erkundigte er sich.

„Ich habe noch einen zweiten", sagte der Scherenschleifer und zeigte Hans einen alten Schleifstein. „Den kannst du gern haben."

Da tauschte Hans die Gans gegen den Schleifstein.

Mit dem Schleifstein ging es ihm wie mit dem Goldklumpen. Er schleppte recht schwer daran. Er wurde immer durstiger und beim nächsten Brunnen bückte er sich, um zu trinken. Dabei fiel ihm der Stein ins Wasser.

Jetzt hat er gar nichts mehr.

Manche Leute sagen, daß der Hans dumm war.
Wer tauscht schon
Gold gegen ein Pferd
und das Pferd gegen eine Kuh
und die Kuh gegen ein Schwein
und das Schwein gegen eine Gans
und die Gans gegen einen Schleifstein.
Und als der Schleifstein in den Brunnen fiel,
hätte Hans weinen sollen anstatt zu lachen,
sagen die Leute.
Der Hans aber lachte,
als der Stein im Brunnen lag.

Er wußte selbst nicht, warum,
aber es wurde ihm leicht ums Herz,
und er sprang fort,
bis er daheim bei seiner Mutter war.

Däumelinchen

Es war einmal eine Frau, die gar zu gern ein ganz kleines Kind gehabt hätte, sie bekam aber keines. Da ging sie zu einer alten Hexe und sagte zu ihr: „Ich möchte von Herzen gern ein ganz kleines Kind haben. Kannst du mir nicht helfen?"

„Da hast du ein Gerstenkorn", sagte die Hexe. „Setz es in einen Blumentopf, dann wirst du etwas zu sehen bekommen."

„Ich danke dir", sagte die Frau und gab der Hexe ein Silberstück. Dann ging sie nach Haus und setzte das Gerstenkorn in einen Blumentopf. Sogleich wuchs eine Blume hervor, die hatte eine schöne große Knospe.

„Das ist eine hübsche Knospe", sagte die Frau und küßte die Knospe. Da gab es einen lauten Knall, und die Knospe öffnete sich und wurde eine schöne Blüte. Mitten in der Blüte saß ein winziges kleines Mädchen, nicht größer als ein Kinderdaumen, und deshalb wurde es Däumelinchen genannt.

Däumelinchen bekam eine Nußschale zur Wiege, blaue Veilchenblätter waren ihre Matratze, und ein Rosenblatt war ihre Decke. Eines Nachts kam eine Kröte durchs offene Fenster gehüpft und sah Däumelinchen in der Nußschale schlafen. „Das wäre eine Frau für meinen Sohn", sagte sie, nahm die Nußschale mit Däumelinchen und hüpfte in den Garten zurück.

Durch den Garten floß ein Bach. Am Ufer war es sumpfig und schlammig. Hier wohnte die Kröte mit ihrem Sohn. „Koaks, koaks, breckekekecks", war alles, was der Krötensohn sagen konnte, als er Däumelinchen in der Nußschale sah.

„Sprich nicht so laut, sonst wacht sie auf", sagte die alte Kröte. „Wir wollen sie auf ein Seerosenblatt setzen, während wir die gute Stube in Ordnung bringen, wo ihr wohnen sollt."

Die alte Kröte schwamm zu dem größten Seerosenblatt und setzte die Nußschale mit Däumelinchen darauf. Als der Morgen dämmerte, erwachte Däumelinchen und sah, daß sie mitten im Bach auf einem Seerosenblatt war. Da begann sie zu weinen.

Nicht lange danach kamen Kröte und Krötensohn geschwommen. Sie wollten die Nußschale holen und sie in die Brautkammer stellen. Die alte Kröte verneigte sich vor Däumelinchen und sagte: „Hier siehst du meinen Sohn! Er soll dein Mann sein!"

„Koaks, koaks, breckekekecks", war alles, was der Krötensohn sagen konnte. Dann nahmen sie die Nußschale und schwammen damit fort.

Däumelinchen saß allein auf dem Blatt und weinte noch mehr, denn sie wollte den Krötensohn nicht zum Mann haben.

Unten im Wasser schwammen kleine Fische. Als sie Däumelinchen weinen hörten, wollten sie ihr helfen. Sie nagten den grünen Blattstengel durch, und der Bach trug das Blatt mit Däumelinchen fort.

Immer weiter und weiter schwamm das Blatt. Die Sonne schien auf das Wasser, und Däumelinchen fand es wunderschön, so durch das Land zu schwimmen. Plötzlich aber kam ein großer Maikäfer geflogen, packte sie und flog mit ihr auf einen Baum. Der Maikäfer setzte Däumelinchen auf einen Zweig, setzte sich daneben und sagte ihr, wie hübsch sie wäre.

Später kamen alle Maikäfer, die im Baum wohnten, zu Besuch. Sie beguckten Däumelinchen von allen Seiten, und ein Maikäferfräulein sagte: „Die hat ja nur zwei Beine, das sieht nicht gut aus."

„Sie hat keine Fühler", sagte ein anderes Maikäferfräulein.

„Sie ist nicht so schön dick wie wir! Sie ist häßlich!" sagten alle Maikäferinnen.

Da glaubte auch der Maikäfer, Däumelinchen sei häßlich, und er wollte sie nicht mehr haben. Er flog mit ihr ins Gras hinunter und setzte sie auf ein Gänseblümchen. Dann flog er fort.

Däumelinchen lebte den ganzen Sommer über allein in der großen Wiese. Sie flocht sich ein Bett aus Grashalmen und baute sich eine Hütte aus Blättern.

Sommer und Herbst vergingen, und es wurde Winter. Däumelinchen fror jämmerlich. Noch dazu begann es zu schneien, und jede Schneeflocke, die auf sie herabfiel, war für Däumelinchen wie eine Schaufel Schnee. Da hüllte sie sich in ein vertrocknetes Blatt, aber das wollte nicht wärmen.

Neben der Wiese lag ein großes Kornfeld. Das Korn war längst geerntet, nur die Stoppeln ragten aus der gefrorenen Erde. Däumelinchen ging frierend über das Kornfeld, und die Stoppeln kamen ihr vor wie ein großer Wald. Endlich kam sie zu einem kleinen Loch unter den Kornstoppeln. Darin wohnte die Feldmaus warm und gemütlich. Däumelinchen bat um ein Gerstenkorn, denn sie war hungrig.

„Du Ärmste", sagte die Feldmaus. „Komm nur herein! Du kannst den Winter über bei mir bleiben, aber du mußt mir dafür Geschichten erzählen. Ich liebe Geschichten sehr."

Däumelinchen tat, was die Feldmaus verlangte, und hatte es gut bei ihr.

„Nun werden wir bald Besuch haben", sagte die Feldmaus. „Mein Nachbar kommt zu mir. Er trägt einen schönen schwarzen Samtpelz, und wenn er dich zur Frau nähme, wärst du gut versorgt."

Der Nachbar war ein Maulwurf. Er kam, und Däumelinchen mußte ihm etwas vorsingen. Sehen konnte der Maulwurf sie nicht, denn er war blind, aber er verliebte sich in ihre schöne Stimme.

Der Maulwurf hatte von seinem Haus bis zum Haus der Feldmaus einen langen Gang gegraben. Darin durften die Feldmaus und Däumelinchen spazierengehen. Mitten im Gang lag ein toter Vogel. Er war gestorben, als der Winter anfing, und gerade dort begraben worden, wo der Maulwurf seinen Gang gemacht hatte.

Der tote Vogel war eine Schwalbe. Sie lag da, die hübschen Flügel an die Seiten gedrückt und Beine und Kopf unter die Federn gezogen. Der Maulwurf und die Feldmaus kümmerten sich nicht um die Schwalbe. Däumelinchen aber holte Heu aus dem Haus der Feldmaus und deckte die Schwalbe damit zu. Und wie sie ihren Kopf auf die Brust des Vogels legte, erschrak sie. Ihr war, als klopfte da drinnen etwas. Es war das Herz des Vogels.

Die Schwalbe war nicht tot, sondern nur vor Kälte erstarrt.

Im Herbst fliegen alle Schwalben in warme Länder fort. Diese Schwalbe aber hatte sich einen Flügel verletzt und hatte nicht mitfliegen können.

Den ganzen Winter über pflegte Däumelinchen die Schwalbe. Sie brachte ihr zu trinken und zu essen und gewann sie lieb. Der Maulwurf und die Feldmaus merkten nichts davon.

Als der Frühling kam, führte Däumelinchen die Schwalbe aus dem Maulwurfsgang ins Freie hinaus. Die Sonne schien warm und hell. „Leb wohl, liebes Däumelinchen", sagte die Schwalbe, breitete die Flügel aus und flog fort. Däumelinchen sah ihr nach und weinte, denn sie hatte die Schwalbe sehr lieb.

Das Korn auf dem Feld wuchs und wurde hoch. Für das kleine daumenlange Mädchen wurde es zu einem dichten Wald. Bald konnte Däumelinchen kaum noch die Sonne über den Halmen sehen. Jeden Tag kam der Nachbar, der Maulwurf im schwarzen Samtpelz, und als es Herbst wurde, sagte er: „Jetzt will ich Hochzeit feiern und Däumelinchen zur Frau nehmen."

Däumelinchen wollte den Maulwurf nicht zum Mann nehmen und mit ihm tief in der Erde wohnen. Sie lief aus dem Haus. Das Korn war geerntet, und nur noch die Stoppeln standen da.

Auf einmal rief es: „Kiwitt, kiwitt!" Däumelinchen blickte auf und sah die Schwalbe vorbeifliegen. Als der Vogel Däumelinchen sah, wurde er sehr froh. Däumelinchen erzählte, daß sie den Maulwurf heiraten sollte, und dann müßte sie immer tief in der Erde wohnen.

„Der Winter kommt", sagte die Schwalbe. „Ich fliege weit fort in warme Länder. Willst du mit mir kommen, Däumelinchen? Du kannst auf meinem Rücken sitzen. Dann brauchst du den Maulwurf nicht zu heiraten."

„Ja, ich will mitfliegen", sagte Däumelinchen und setzte sich auf den Rücken der Schwalbe. Dann flog der Vogel hoch in die Luft hinauf, flog über Wälder und Wiesen und über große Berge und endlich übers Meer.

Sie kamen in ein Land, in dem die Sonne immer schien. Dort hatte die Schwalbe ein Nest. Überall wuchsen die schönsten

Blumen. Die Schwalbe setzte Däumelinchen auf eine der Blüten und sagte: „Das ist nun dein Haus."

Däumelinchen klatschte vor Freude in die Hände und schaute sich um. Und da sah sie auf der Blume nebenan einen kleinen Mann, so licht und durchsichtig, als wäre er aus Glas. Auf dem Kopf trug er eine zierliche Krone, und an den Schultern hatte er durchsichtige Flügel. Es war der Blumenelf. In jeder Blume wohnte so eine Elfe, er aber war der König über alle.

„Du bist das allerschönste Mädchen, das ich je gesehen habe", sagte der Blumenelf zu Däumelinchen. „Willst du meine Frau werden?"

Das war freilich ein anderer Mann als der Sohn der Kröte oder der Maulwurf mit dem schwarzen Samtpelz.

„Ich will gern deine Frau werden", sagte Däumelinchen, und da setzte der Blumenelf ihr sein goldenes Krönchen auf den Kopf.

Nun kamen aus allen Blumen Elfen heraus und brachten Däumelinchen Geschenke. Das Beste von allem waren ein Paar schöne Flügel, damit konnte Däumelinchen nun auch von Blume zu Blume fliegen. Oben im Nest saß die Schwalbe und sang, so schön sie nur konnte.

Der Froschkönig

In alten Zeiten lebte ein König, dessen jüngste Tochter war so schön, daß die Sonne selber sich verwunderte, so oft sie ihr ins Gesicht schien. Nahe bei dem Schloß des Königs lag ein großer dunkler Wald, und in dem Wald unter einer alten Linde war ein Brunnen. Wenn nun der Tag recht heiß war, ging das Königskind hinaus in den Wald und setzte sich an den Rand des kühlen Brunnens. Und wenn sie Langeweile hatte, so nahm sie eine goldene Kugel, warf sie in die Höhe und fing sie wieder. Das war ihr liebstes Spielzeug.

Nun geschah es einmal, daß die goldene Kugel der Königstochter nicht in das Händchen fiel, sondern auf die Erde schlug und ins Wasser sprang. Der Brunnen war tief, so tief, daß man keinen Grund sah. Da fing die Königstochter an zu weinen und weinte immer lauter und konnte sich gar nicht trösten. Mit einemmal hörte sie eine Stimme, die sagte: „Warum weinst du, Königstochter?" Und als sie aufschaute, erblickte sie einen Frosch, der seinen dicken Kopf aus dem Wasser streckte.

„Ach, du bist's, alter Wasserpatscher", sagte sie. „Ich weine über meine goldene Kugel, die mir in den Brunnen gefallen ist."

„Sei still und weine nicht", antwortete der Frosch. „Ich werde dir helfen. Was gibst du mir, wenn ich dein Spielzeug wieder heraufhole?"

„Was du haben willst, lieber Frosch", sagte die Königstochter. „Meine Perlen und Edelsteine und meine goldene Krone noch dazu."

Der Frosch antwortete: „Deine Perlen und Edelsteine und deine goldene Krone mag ich nicht. Aber wenn du mich liebhaben willst und ich darf dein Spielkamerad sein und von deinem goldenen Tellerlein essen und in deinem Bettlein schlafen, wenn du mir das versprichst, so will ich hinuntersteigen und dir die goldene Kugel wieder heraufholen."

„Ich verspreche dir alles, was du willst", sagte die Königstochter, aber sie dachte, ein Frosch könnte doch nie ihr Spielgefährte sein.

Der Frosch tauchte hinab in den Brunnen. Über ein Weilchen kam er wieder heraufgerudert, hatte die Kugel im Maul und warf sie ins Gras. Die Königstochter hob ihr goldenes Spielzeug auf und sprang damit fort.

„Warte, warte!" rief der Frosch. „Nimm mich mit, ich kann nicht so laufen wie du!" Aber was half es ihm, daß er ihr sein Quak-Quak nachschrie, so laut er konnte! Die Königstochter hörte nicht darauf, eilte nach Hause und hatte den armen Frosch vergessen, der wieder in seinen Brunnen hinabsteigen mußte.

Am andern Tag, als sie mit dem König, ihrem Vater, beim Abendessen saß, kam plitsch-platsch, plitsch-platsch etwas die Treppe heraufgekrochen. Dann klopfte es an die Tür und rief: „Königstochter, jüngste, mach mir auf."

Sie lief hin und wollte sehen, wer draußen wäre. Als sie aber aufmachte, saß der Frosch vor der Tür. Sie warf die Tür zu und setzte sich wieder an den Tisch, und es wurde ihr ganz angst.

Der König merkte, daß seiner Tochter das Herz klopfte, und so fragte er: „Mein Kind, warum fürchtest du dich? Steht vielleicht ein Riese vor der Tür?"

Nein", antwortete sie, „es ist kein Riese, sondern ein garstiger Frosch."

„Was will der Frosch von dir?"

„Ach, lieber Vater, als ich gestern im Wald bei dem Brunnen saß und spielte, fiel mir die goldene Kugel ins Wasser. Und weil ich so weinte, hat sie der Frosch wieder heraufgeholt. Und weil er es durchaus verlangte, habe ich versprochen, er sollte mein Spielkamerad werden. Ich dachte aber nimmermehr, daß er aus seinem Wasser herauskönnte. Nun ist er draußen und will zu mir."

Da klopfte es zum zweitenmal und rief:

> „Königstochter, jüngste,
> mach mir auf,
> weißt du nicht, was gestern
> du zu mir gesagt
> bei dem kühlen Brunnenwasser?
> Königstochter, jüngste,
> mach mir auf."

Da sagte der König: „Was du versprochen hast, das mußt du auch halten. Geh und mach ihm auf."

Die Königstochter ging und öffnete die Tür, und der Frosch hüpfte herein. Er sprang ihr nach, bis zu ihrem Stuhl. Da saß er und rief: „Heb mich hinauf zu dir."

Sie wollte es aber nicht tun, bis der König es ihr befahl.

Als der Frosch auf dem Stuhl saß, wollte er auf den Tisch. Als er auf dem Tisch saß, sprach er: „Nun schieb mir dein goldenes Tellerlein näher, damit wir zusammen essen."

Das tat sie, aber sie tat es nicht gern. Der Frosch ließ es sich schmecken, ihr aber blieb der Bissen im Hals stecken.

Endlich sprach er: „Ich habe mich satt gegessen. Nun trag mich in dein Kämmerlein, da wollen wir uns schlafen legen."

Die Königstochter fing an zu weinen und fürchtete sich vor dem kalten Frosch. Der König aber ward zornig und sagte: „Wer dir geholfen hat, als du in Not warst, den sollst du hernach nicht verachten."

Da packte sie den Frosch mit zwei Fingern, trug ihn in ihre Kammer und setzte ihn in eine Ecke. Als sie aber im Bett lag, kam der Frosch gekrochen und sagte: „Ich bin müde und will schlafen so gut wie du. Heb mich hinauf, oder ich sag's deinem Vater."

Da wurde sie bitterböse, holte den Frosch herauf und warf ihn aus allen Kräften gegen die Wand. Als er aber herabfiel, war er kein Frosch, sondern ein Königssohn mit schönen freundlichen Augen. Den hatte eine Hexe verwünscht, als Frosch im Brunnen zu sitzen, und niemand hatte ihn erlösen können als die jüngste Königstochter.

Mausekatze

Eine Katze begegnete einem Mäuserich mit einem Stummelschwanz und wollte ihn fangen und fressen. Da setzte der Mäuserich sich auf die Hinterpfoten und sagte: „Warum willst du mich fressen? Wollen wir nicht lieber Freunde sein?"

„Gut", sagte die Katze. „Wir wollen Freunde sein."

„Wenn wir Freunde sind", sagte der Mäuserich, „dann darfst du auch meine Freunde nicht fressen."

„Wer sind denn deine Freunde?" fragte die Katze.

„Alle Mäuse", antwortete der Mäuserich.

„Gut", sagte die Katze. „Ich werde deine Freunde nicht fressen."

„Das müssen wir feiern!" sagte der Mäuserich. „Alle Mäuse werden dir etwas vortanzen, und du mußt in die Pfoten klatschen und im Takt schnurren!"

„Gut", antwortete die Katze.

Die Mäuse feierten ihr Fest. Sie faßten einander an den Vorderpfoten, stellten sich auf die Hinterpfoten und tanzten, daß die Schwänzchen flogen.

Die Katze klatschte in die Pfoten und schnurrte im Takt dazu. Aber bald wurde ihr bei dem Mäusetanz ganz wunderlich zumute. Und ohne daß sie es recht wollte, hörte sie zu schnurren auf und begann zu fauchen.

Der Mäuserich mit dem Stummelschwanz führte den Tanz an. Er tanzte ganz vorn. Als er merkte, daß die Katze zu schnurren aufhörte, tat er einen leisen Pfiff, und dann sang er:

„Der Mäuserich mit dem Stummelschwanz
beendet jetzt den Mausetanz!
Der Katz' ist wunderlich zumut!
Das ist für Mäuse gar nicht gut!
Ihr Mäuse, tanzt den Ringelreihn
zurück ins Mauseloch hinein!"

Und so schnell, wie Mäuse nur laufen können, verschwanden alle Mäuse im Mauseloch.

Da wurde der Katze noch wunderlicher zumute, und sie sagte: „Schade!"

Die wilden Hunde

Ein Mann hatte einen einzigen Sohn, der war ein Träumer. In der Schule gab er selten acht, sondern hörte lieber den Vögeln zu, die vor dem Schulfenster sangen. Dann wieder guckte er nach einem Hund, der vorbeilief, und dann wieder fand er das Miauen der Nachbarskatze schöner als die Schulstunde.

Endlich schickte ihn sein Vater in eine ferne Stadt zu einem berühmten Lehrer. Nach einem Jahr kam der Junge zurück, und der Vater fragte: „Nun, mein Sohn, was hast du gelernt?"

Der Junge mußte zugeben, daß er wieder nur vor sich hingeträumt hatte. Aber er hatte so oft den Vögeln zugehört, daß er nun genau verstand, was sie zwitscherten. „Ich habe die Sprache der Vögel gelernt", sagte er.

Der Vater schüttelte den Kopf und schickte den Jungen zu einem noch berühmteren Lehrer in eine noch fernere Stadt. Nach einem Jahr verstand der Junge auch die Sprache der anderen Tiere. Was aber Kinder für gewöhnlich in der Schule lernen, das wußte er nicht.

„Aus dir wird nie etwas Rechtes!" sagte der Vater und jagte seinen Sohn aus dem Haus.

Der Junge wanderte fort und kam in einen großen Wald. Ein anderer hätte sich darin verirrt, aber er fragte die Waldtauben und Hasen nach dem Weg. Am Waldrand kam er zu einem Haus. Es lag verlassen da, und alle Fenster waren blind von Staub. In der Nähe stand eine Hütte, darin wohnte ein alter Mann.

Der Junge bat den Alten um ein Nachtquartier. Als es Abend wurde, drang von dem verlassenen Haus ein schreckliches Heulen, Bellen, Kläffen, Jaulen und Winseln herüber.

„Es sind die wilden Hunde", sagte der Alte. „Geh nicht vor die Hüttentür, sonst kommen sie und zerreißen dich."

Als der alte Mann schlief, verließ der Junge heimlich die Hütte und ging zu dem Haus am Waldrand. Die Luft war erfüllt vom Gebell und Geheul der wilden Hunde. Furchtlos ging der Junge auf das Haus zu. Er öffnete das Tor, und die Hunde stürzten sich auf ihn, doch sie taten ihm nichts. Sie wedelten mit den Schwänzen um ihn herum, winselten, stupsten ihn mit ihren Schnauzen und leckten seine Hände. Weil der Junge die Sprache der Tiere verstand, wußte er, daß sie nicht böse heulten, sondern nur klagten und jammerten, daß niemand käme, sie zu erlösen.

„Was kann ich für euch tun?" fragte der Junge in der Hundesprache.

Da bellten die Hunde: „Im Keller des Hauses liegt ein Schatz vergraben. Wir sind verzaubert und müssen ihn so lange bewachen, bis einer kommt und den Schatz holt."

Der Junge ging in den Keller, grub nach dem Schatz und fand ihn. Vom Graben war er aber so müde geworden, daß er sich im Keller auf den Fußboden legte und einschlief. Die Hunde saßen rund um ihn und bewachten seinen Schlaf.

Am Morgen liefen die Hunde davon, der eine dorthin, der andere dahin. Der Junge gab dem alten Mann so viel von dem Schatz, wie dieser nur haben wollte. Dann packte er sein Bündel und wanderte fröhlich weiter.

König Wolf

Einmal ging ein Bauernmädchen in den Wald, um Holz zu sammeln. Da trat ein Wolf aus dem Gebüsch und fragte: „Willst du meine Frau werden?"

Es war ein schöner, starker Wolf, und er schaute es freundlich an. Dem Mädchen war gar nicht bang. „Ja", antwortete es. „Ich will deine Frau werden!"

„Dann steig auf meinen Rücken", sagte der Wolf. Das Mädchen stieg auf seinen Rücken, und der Wolf trug es fort.

Nach einer Weile kamen sie zu einer Höhle, in der war es recht wohnlich. Lampen waren da und ein Bett, Tisch und Stühle und Töpfe und Pfannen.

Eine Zeitlang lebten die beiden glücklich in der Höhle miteinander.

Manchmal dachte die junge Frau aber an ihre Eltern und hätte sie gern wiedergesehen. Als sie dem Wolf das sagte, trug er sie auf seinem Rücken zum Haus ihrer Eltern. Er ging aber nicht ins Haus hinein, sondern wartete draußen.

Vater und Mutter freuten sich sehr, und die Tochter mußte alles erzählen. Wie sie zu Ende war, sagte die Mutter: „Das kann kein gewöhnlicher Wolf sein. Vielleicht ist dein Mann verzaubert. Laß drei Tropfen Blut auf ihn fallen, wenn er schläft. Dann wirst du erkennen, wer er wirklich ist."

Die Tochter nahm Abschied von ihren Eltern. Draußen hatte der Wolf geduldig gewartet. Sie setzte sich auf seinen Rücken, und er trug sie wieder heim, und es war wie immer, aber doch nicht ganz. Die junge Frau mußte stets an die Worte ihrer Mutter denken.

Nachts, als der Wolf schlief, nahm sie eine Nadel und stach sich in den Finger. Dann ließ sie drei Blutstropfen auf ihren Mann fallen. Da erwachte er und war mit einemmal kein Wolf mehr, sondern ein wunderschöner Prinz.

„Hättest du doch gewartet, meine Liebste!" sagte er traurig. „Bald wäre ich durch deine Liebe erlöst worden. Jetzt aber muß ich fort."

Er verließ sie, und die Frau wartete und wartete, aber er kam nicht wieder. Endlich machte sie sich auf den Weg, ihren Mann zu suchen. Sie wanderte den ganzen Tag, und am Abend kam sie zu dem Haus, in dem die Mutter des Windes wohnte. Die junge Frau klopfte an und fragte: „Gute Mutter, habt Ihr vielleicht meinen Mann, den Prinzen, gesehen?"

„Nein", antwortete die Mutter des Windes. „Ich will meinen Sohn fragen. Aber du mußt warten, denn er kommt spät."

Als der Wind kam, fragte seine Mutter: „Hast du den Mann der jungen Frau, den Prinzen, gesehen?"

„Nein", antwortete der Wind. „Sie soll zu meinem Vetter, dem Mond, gehen, der steht die ganze Nacht am Himmel. Vielleicht hat er ihn gesehen!" Dann legte er sich nieder und schlief ein, denn er war müde vom langen Wehen.

Die Mutter des Windes schenkte der jungen Frau ein silbernes Kleid. „Vielleicht wirst du es brauchen", sagte sie. Die junge Frau bedankte sich, steckte das Kleid in ihr Bündel und wanderte zum Mond. Sie wanderte die ganze Nacht, und am Morgen kam sie zum Haus des Mondes. Als der Mond vom Himmel stieg, um sich schlafen zu legen, fragte ihn die junge Frau nach dem Prinzen. Der Mond wußte auch nicht, wo der Prinz war.

Er schenkte der jungen Frau ein goldenes Kleid und sagte: „Geh zu meiner Tante, der Sonne!" Die junge Frau bedankte sich, steckte das goldene Kleid in ihr Bündel und wanderte zur Sonne.

Die Sonne endlich wußte, wo der Prinz war. Sie sagte: „Prinz Wolf sitzt in einem Schloß und will in drei Tagen die Königstochter heiraten. Dann ist er nicht mehr Prinz, sondern König Wolf. Wenn du dich nicht beeilst, ist er für dich verloren."

Die junge Frau bedankte sich bei der Sonne und bekam ein Kleid aus Diamanten geschenkt. Sie wanderte zum Schloß, und als sie hinkam, hatte die Hochzeitsfeier schon begonnen, und sie sah ihren Mann, den Prinzen, neben seiner Braut sitzen. Da zog die junge Frau ihr silbernes Kleid an und ging unter die Gäste, aber der Prinz erkannte sie nicht. Der Braut gefiel das Silberkleid, sie ließ die junge Frau rufen und sagte: „Verkauf mir das Kleid, ein so schönes habe ich noch nie gesehen!"

„Das Kleid verkaufe ich nicht", sagte die junge Frau. „Ich schenke es dir, wenn ich eine Nacht neben dem Bett sitzen darf, in dem der Prinz schläft."

Die Braut wollte das Silberkleid so gern haben und war einverstanden. Sie gab aber dem Prinzen einen Schlaftrunk. Er schlief die ganze Nacht durch und wußte nicht, daß seine junge Frau an seinem Bett saß. Am nächsten Tag ging die junge Frau im Goldkleid unter die Gäste, und wieder erkannte der Prinz sie nicht, und wieder ließ die Braut sie rufen. Die Braut bekam das Goldkleid, und die junge Frau durfte noch einmal am Bett des Prinzen wachen. Auch diesmal schlief der Prinz die ganze Nacht.

Als die Braut am dritten Tag das Diamantenkleid sah, wollte sie es unbedingt haben. „Wache nur die dritte Nacht bei meinem Bräutigam!" sagte sie zu der jungen Frau. Dann zog sie gleich das Diamantenkleid an, und vor Freude vergaß sie, dem Prinzen einen Schlaftrunk zu reichen.

Wieder saß die junge Frau am Bett ihres Mannes, und diesmal erwachte er, als ihre Tränen auf ihn niederfielen.

„Wer bist du, Mädchen?" fragte er.

„Ich bin deine Frau aus der Zeit, da du noch ein Wolf warst", sagte sie. Da erkannte er sie und sagte: „Du bist meine rechte Frau und sollst es bleiben."

Am nächsten Tag gab der Vater der Braut ein großes Fest. Der Prinz trat zu ihm und sagte: „Ich muß Euch erzählen, wie es mir ergangen ist. Ich hatte einen Schlüssel, den verlor ich, dann bekam ich einen neuen. Jetzt habe ich den alten Schlüssel wiedergefunden. Welchen soll ich behalten?"

„Den alten", sagte der Vater der Braut.

„Dann gebe ich dir deine Tochter zurück", sagte der Prinz. „Sie ist der neue Schlüssel. Ich habe meine treue Frau wiedergefunden!"

Da nahm der Vater seine Tochter zurück, und sie bekam einen anderen Mann.

Der arme Müllerbursch und das Kätzchen

In einer Mühle lebte ein alter Müller, der hatte weder Frau noch Kinder. Eines Tages sagte er zu seinen drei Müllerburschen: „Ich bin alt und will meine Ruhe haben. Zieht fort, und wer mir das beste Pferd nach Hause bringt, dem will ich die Mühle geben."

Der jüngste der Müllerburschen hieß Hans. Die zwei anderen hielten ihn für dumm und gönnten ihm die Mühle nicht. Sie zogen alle drei miteinander aus, aber als sie eine Weile gegangen waren, sagten die zwei: „Dummer Hans, geh wieder zurück! Nie im Leben kriegst du ein Pferd!" Dann gingen sie davon.

Hans kehrte aber nicht um, sondern wanderte allein weiter und kam in einen Wald. Wie er unter den großen Bäumen dahinging, kam er sich ganz einsam und verlassen vor. Es dauerte aber nicht lange, da begegnete ihm ein kleines buntes Kätzchen, das sagte freundlich: „Wo willst du denn hin, lieber Hans?"

„Ich weiß es nicht", antwortete der Müllerbursch.

„Komm mit mir", sagte das Kätzchen, „und hilf mir sieben Jahre lang bei der Arbeit. Dann will ich dir ein Pferd geben, so schön, wie du noch keines gesehen hast."

Das ist eine wunderliche Katze, dachte Hans, aber sehen will ich doch, ob das wahr ist, was sie sagt.

Die Katze nahm ihn mit in ihr verwünschtes Schlößchen, dort waren lauter Kätzchen. Abends, als sich alle zu Tisch setzten und aßen, mußten drei kleine Katzen Musik machen. Ein Kätzchen zupfte die Harfe, ein zweites fiedelte auf der Geige, und das dritte blies die Trompete.

Als Hans müde war, brachten ihn die freundlichen Kätzchen in seine Schlafkammer. Eines leuchtete ihm mit einer Kerze, eines zog ihm die Schuhe aus und eines die Strümpfe. Eines blies endlich das Licht aus.

Am Morgen kamen sie wieder. Eines zog ihm die Strümpfe an, eines holte die Schuhe, eines wusch ihn, und eines trocknete ihm mit dem Schwanz das Gesicht ab.

Nachher ging Hans an die Arbeit, und die war nicht schwer und gefiel ihm von Tag zu Tag besser. Er zerkleinerte Holz und bekam dazu von dem bunten Kätzchen eine silberne Axt und eine goldene Säge. Er mähte das Gras auf der Schloßwiese und bekam dazu eine silberne Sense und einen goldenen Rechen. Dann baute er aus lauter silbernen Balken und goldenen Ziegeln ein Häuschen.

Abends machten die Kätzchen immer Musik, und Hans hatte genug zu essen und zu trinken. Die sieben Jahre vergingen ihm so schnell, daß er glaubte, es seien nur sieben Tage gewesen.

Als die sieben Jahre um waren, sagte das bunte Kätzchen: „Geh nun heim, Hans. In drei Tagen komme ich nach und bring dir dein Pferd."

Hans machte sich auf und wanderte zur Mühle. Das bunte Kätzchen hatte ihm aber nicht einmal ein neues Kleid gegeben, Hans mußte sein altes lumpiges Kittelchen behalten, das ihm in den sieben Jahren viel zu klein geworden war. Wie er heimkam, waren die beiden anderen Müllerburschen auch wieder da. Jeder hatte ein Pferd mitgebracht, aber das eine war blind und das andere lahm.

„Dummer Hans, wo hast du dein Pferd?" fragten die zwei.

„In drei Tagen wird es nachkommen", antwortete Hans.

Da lachten sie und sagten: „Ja, wo willst denn du ein Pferd herkriegen? Das wird was Rechtes sein!"

Hans ging in die Stube, aber weil er so zerrissen und zerlumpt war, schickte der Müller ihn wieder hinaus. „Man muß sich ja schämen", sagte er, „wenn jemand kommt und dich sieht!"

Als es Abend wurde, durfte Hans sich in kein Bett legen; er mußte im Gänsestall auf Stroh schlafen. Am Morgen, als er aufwachte, waren die drei Tage herum. Eine Kutsche kam gefahren, mit sechs Pferden davor, und hinterher ging ein Diener, der führte ein siebentes Pferd. Aus der Kutsche stieg eine schöne Königstochter und ging in die Mühle hinein, und die Königstochter war das kleine bunte Kätzchen. Sie fragte den Müller: „Wo ist Hans?"

„Im Gänsestall", antwortete der Müller.

„Gleich holst du ihn herein!" befahl die Königstochter.

„Er ist aber so zerlumpt, daß man sich schämen muß", sagte der Müller.

Die Königstochter aber wollte Hans unbedingt in der Stube haben, und als er endlich hereinkam, gab sie ihm prächtige Kleider. Er wusch sich und zog sich an, und als er fertig war, konnte kein König schöner aussehen als er.

Danach führte die Königstochter den Müller aus dem Haus und zeigte ihm das siebente Pferd. „Ein so schönes Pferd habe ich mein Lebtag noch nie gesehen", sagte der Müller.

„Es gehört Hans", sagte die Königstochter.

„Dann muß er die Mühle haben", sagte der Müller.

„Behalte die Mühle und das Pferd dazu", antwortete die Königstochter.

Sie nahm Hans an der Hand und setzte ihn in die Kutsche und fuhr mit ihm fort. Sie fuhren zu dem kleinen Häuschen, das er gebaut hatte, und da war es ein wunderschönes Schloß geworden.

Dann heirateten der Müllerbursch und die Königstochter und waren glücklich.

Hänsel und Gretel

Hänsel und Gretel verliefen sich im Wald,
es war so finster
und auch so grimmig kalt.
Sie kamen an ein Häuschen
von Pfefferkuchen fein.
Wer mag der Herr wohl
von diesem Häuschen sein?

Hänsel und Gretel, die fragten nicht danach,
sie hatten großen Hunger
und knabberten vom Dach,
sie brachen aus dem Fenster
die Zuckerscheiben aus.
Die Tür aus Schokolade
war auch ein feiner Schmaus.

Hänsel und Gretel, die aßen auf die Tür,
da kam ein altes Weiblein

wohl aus dem Haus herfür.
Knusper, knusper knäuschen,
das alte Weiblein sprach,
ihr eßt ja mein Zuhäuschen
vom Keller bis zum Dach.

Hänsel und Gretel erschraken beide sehr,
das arme alte Weiblein
hat jetzt kein Häuschen mehr.
Durch die kaputten Fenster,
da bläst der kalte Wind,
drauf reiten wohl Gespenster,
die nicht aus Zucker sind.

Hänsel und Gretel erschraken allzusehr,
da sprach das alte Weiblein:
Nun fürchtet euch nicht mehr.
Hänsel, heiz den Ofen,
und Gretel, knet das Brot!
Wir backen neue Wände,
sonst frieren wir uns tot.

Hänsel und Gretel, die halfen beide mit.
Sie buken neu das Häuschen,
sie plagten sich zu dritt.
Sie malten bunt mit Zucker
die Fensterscheiben klar.
Bald stand das Häuschen schmucker
und schöner, als es war.

Hänsel und Gretel, die freuten sich gar sehr.
Das Weiblein drin im Häuschen,
das freute sich noch mehr.
Und damit ist das Märchen
von Hans und Gretel aus.
Wer's kann, der backt jetzt selber
ein kleines Knusperhaus.

Das Struwwelmädchen

Es waren einmal ein König und eine Königin, die hatten keine Kinder. Eines Tages kam eine alte Frau aufs Schloß und gab der Königin zwei Samenkörner.

„Gib die zwei Körner in die Erde, Frau Königin", sagte die alte Frau. „Am nächsten Tag werden zwei Blumen daraus wachsen, eine schöne und eine häßliche. Iß die schöne Blume, die häßliche aber laß stehen!"

Die Königin ging in den Garten und legte die Samenkörner in die Erde. Am andern Tag standen zwei Blumen dort, eine häßliche mit schwarzen Blättern und eine wunderschöne mit goldenen

Blättern. Die Königin aß die schöne Blume, und dann konnte sie nicht anders und aß auch die häßliche.

Bald bekam die Königin ein Kind, ein Struwwelmädchen, das kam auf einem Ziegenbock geritten, hatte einen Kochlöffel in der Hand und eine Struwwelhaube auf dem Kopf.

„Mach dir keine Sorgen, Mama", sagte das Mädchen auf dem Ziegenbock, „es kommt gleich noch eins, das ist schöner." Darauf brachte die Königin ein zweites Mädchen zur Welt, und das war wunderschön.

Das häßliche und das schöne Mädchen wuchsen heran und waren unzertrennlich. Einmal ging die schöne Schwester aber doch allein in den Wald, da kam eine Trollhexe und hexte ihr einen Eselskopf an. Als das Mädchen heimkam und plötzlich einen Eselskopf hatte, fing ihre Mutter, die Königin, zu weinen an und weinte und weinte.

„Hör auf zu weinen, Mama", sagte das Struwwelmädchen. „Ich werde meine Schwester schon erlösen."

Das Struwwelmädchen setzte die Schwester hinter sich auf den Ziegenbock, nahm den Kochlöffel und ritt in den Wald. Lange mußte es reiten, bis es tief im Wald die Hütte der Trollhexe fand.

Das Struwwelmädchen ging in die Hütte und drohte der Trollhexe mit dem Kochlöffel. Da bekam die Trollhexe solche Angst, daß sie der verzauberten Königstochter den Eselskopf weghexte.

„Jetzt bist du wieder schön, Schwester!" rief das Struwwelmädchen. Sie setzte die Schwester hinter sich auf den Ziegenbock, winkte der Trollhexe zum Abschied mit dem Kochlöffel und ritt davon.

Auf dem Heimweg kamen die beiden Schwestern an einem Schloß vorbei, dort lebte ein König mit seinem einzigen Sohn. Seine Frau war schon lange tot. Als der König die schöne Schwester sah, wollte er sie auf der Stelle zu seiner Königin machen.

„Du bekommst sie nur, wenn dein Sohn mich heiratet", sagte das Struwwelmädchen.

Der Königssohn aber wollte das Struwwelmädchen nicht heiraten. Da fing der König zu weinen an und weinte und weinte und konnte nicht aufhören.

„Hör auf zu weinen, Papa", sagte sein Sohn. „Ich heirate sie!"
Bald darauf war Hochzeit. Auf dem Weg zur Kirche fuhr der König mit seiner schönen Braut in einer Kutsche voran. Hinter der Kutsche ritt der Königssohn mit dem Struwwelmädchen. Das Struwwelmädchen saß auf dem Ziegenbock und hielt den Kochlöffel in der Hand. Vor Kummer sprach der Königssohn kein Wort.

„Warum sagst du denn nichts?" fragte das Struwwelmädchen.

„Was soll ich denn sagen?" antwortete der Königssohn.

„Du kannst ja fragen, warum ich auf dem Ziegenbock reite."

„Warum reitest du auf dem Ziegenbock?" fragte der Königssohn.

„Das ist kein Ziegenbock, das ist das schönste Pferd im ganzen Land", sagte das Struwwelmädchen. Im selben Augenblick verwandelte sich der Ziegenbock in das schönste Pferd im ganzen Land.

Wieder ritten sie eine Weile, aber der Königssohn war noch immer traurig und sprach kein Wort.

Da fragte das Struwwelmädchen noch einmal: „Warum sagst du denn nichts?"

„Was soll ich denn schon wieder sagen?" antwortete der Königssohn.

„Du kannst ja fragen, warum ich den Kochlöffel in der Hand habe", sagte das Struwwelmädchen.

„Warum hast du den Kochlöffel in der Hand?" fragte der Königssohn.

„Das ist kein Kochlöffel, das ist der schönste Hochzeitsstrauß im ganzen Land", sagte das Struwwelmädchen. Sogleich wurde der Kochlöffel zum schönsten Hochzeitsstrauß im ganzen Land.

Wieder ritten sie eine Weile, und wieder fragte das Struwwelmädchen: „Warum sagst du denn nichts? Du kannst ja fragen, warum ich die Struwwelhaube aufhabe."

„Warum hast du die Struwwelhaube auf?" fragte der Königssohn.

„Das ist keine Struwwelhaube, das ist die schönste Brautkrone im ganzen Land", antwortete das Struwwelmädchen. Und da war die Struwwelhaube wirklich zur schönsten Brautkrone im ganzen Land geworden.

Sie ritten wieder, und der Königssohn war noch immer traurig.

„Warum sagst du denn gar nichts?" sagte das Struwwelmädchen zum vierten Mal. „Du kannst mich ja fragen, warum ich so häßlich bin."

„Warum bist du so häßlich?" fragte der Königssohn.

„Bin ich denn häßlich? Bin ich nicht das schönste Mädchen im ganzen Land?" fragte das Struwwelmädchen.

Wie der Königssohn das Struwwelmädchen ansah, war es wirklich das schönste Mädchen im ganzen Land. Da war er nicht mehr traurig, sondern glücklich. Er war der glücklichste Königssohn im ganzen Land.

Die Königstochter, die nicht weinen konnte

Einmal waren ein König und eine Königin, die wünschten sich ein Kind und bekamen auch eines. Es war ein kleines Mädchen. Der König und die Königin freuten sich sehr darüber, aber die Kleine schrie und weinte Tag und Nacht. Die Königin wußte sich kaum noch zu helfen. Endlich rief sie: „Ich wünschte, du würdest nie mehr weinen!"

Und wie sie das gesagt hatte, erfüllte sich ihr Wunsch, und die kleine Prinzessin hörte zu weinen auf. Sie schrie und weinte nicht mehr. Ihre Lieblingspuppe zerbrach, und sie weinte nicht. Sie schnitt sich in den Finger und weinte nicht. Das Hündchen, mit dem sie immer spielte, wurde krank. Die Königstochter weinte nicht.

„Was sollen wir tun?" sagte der König zur Königin. „Aus einer Königstochter, die nie weint, wird einmal eine Königin, die auch nie weint. Alle werden sagen, unsere Tochter hätte kein Herz."

Von nun an erzählte die Königin der Königstochter nur die allertraurigsten Geschichten, aber auch das half nicht. Keine Geschichte war traurig genug, daß die Königstochter zu weinen angefangen hätte.

Der König ließ Schauspieler aus dem ganzen Land kommen, und die mußten die traurigsten Theaterstücke spielen. Alle Zuschauer schluchzten, nur die Königstochter weinte keine einzige Träne.

Die Jahre vergingen, und die Königstochter wuchs heran und wurde ein schönes Mädchen. Weinen aber konnte sie noch immer nicht.

Eines Tages ging sie in den Wald und kam zu einem kleinen Haus, in dem ein junger Jäger wohnte. Sie setzte sich zu ihm, und sie plauderten über dies und das. Am nächsten Morgen ging die

Königstochter wieder in den Wald, und als sie zu dem kleinen Jägerhaus kam, wartete der junge Jäger schon auf sie. Von nun an ging die Königstochter in den Wald, wann immer sie konnte, und von Tag zu Tag gewannen die beiden einander lieber.

König und Königin aber merkten nichts davon. „Unsere Tochter ist groß geworden", sagte die Königin einmal zum König. „Es wird Zeit, daß sie heiratet."

„Ich werde von überallher Königssöhne in mein Schloß einladen", sagte der König, „dann kann sie einen davon zum Mann wählen."

„Ich weiß schon, wen ich heiraten will", sagte die Königstochter. „Ich will den jungen Jäger heiraten, der in dem kleinen Jägerhaus im Wald wohnt."

„Eine Königstochter darf keinen Jäger heiraten", sagte der König streng. „Eine Königstochter muß einen Königssohn heiraten."

Als die Königstochter das hörte, sprangen ihr plötzlich Tränen aus den Augen, und sie weinte und weinte und wollte nicht mehr aufhören zu weinen.

Sie weinte eine ganze Woche lang.

Das war dem König und der Königin nun auch wieder nicht recht.

„Soll sie ihren Jäger haben!" sagte der König.

Da hörte die Königstochter zu weinen auf, und dann wurde Hochzeit gefeiert!

Der alte Hund

Ein Bauer hatte einen Hund, der war so alt geworden, daß ihm die Zähne ausfielen und er nicht mehr fest zupacken konnte. Einmal stand der Bauer vor der Tür und sagte zu seiner Frau: „Morgen schieß ich den Hund tot. Er ist zu nichts mehr nütz!"

Die Frau antwortete: „Er war uns immer so treu! Wollen wir ihm nicht das Gnadenbrot geben?"

„Du bist nicht gescheit", sagte der Mann. „Vor dem zahnlosen

Hund fürchtet sich kein Dieb mehr. Wir haben ihn immer gut gefüttert, das ist Lohn genug für seine Dienste."

Der alte Hund lag in der Sonne und hatte alles mitangehört. Die Sonne schien ihm warm aufs Fell, das war schön, und er hätte gern noch gelebt, wenn er auch alt und zahnlos war. Abends schlich er hinaus in den Wald und fragte seinen Vetter, den Wolf, um Rat.

„Ich will dir helfen", sagte der Wolf. „Morgen früh, wenn dein Herr und die Frau aufs Feld gehen, nehmen sie gewiß ihr kleines Kind mit, damit es nicht allein im Haus bleiben muß. Während der Arbeit werden sie das Kindchen wie immer hinter der Hecke in den Schatten legen. Setz dich daneben, als wolltest du es bewachen. Dann komme ich aus dem Wald gelaufen und werde das Kind rauben. Du aber spring mir nach, so gut du kannst. Ich lasse das Kind fallen, und du bringst es den Eltern zurück. Gewiß wird dich der Bauer dann nicht mehr erschießen!"

Der alte Hund war einverstanden. Am nächsten Tag kam der Wolf und lief mit dem Kind fort. Die Eltern schrien laut, aber der alte Hund brachte das Kind gleich wieder. Da streichelten und liebkosten sie ihn und versprachen ihm alles Gute. Die Frau kochte das beste Stück Fleisch für ihn, und der Bauer schenkte ihm sogar sein eigenes Kopfkissen, damit der alte Hund von nun an weich liegen konnte.

Die Zeit verging. Eines Tages kam der Wolf und sagte zu dem Hund: „Jetzt geht es dir gut, und das hast du mir zu verdanken. Wenn ich nun deinem Herrn manchmal ein fettes Schaf wegnehme, wirst du bestimmt nichts dagegen haben."

„Lieber Wolf", sagte der Hund, „du hast mir geholfen, und ich werde auch dir helfen, wenn ich irgend kann. Aber mein Herr vertraut mir, daß ich seine Schafe bewache. Ich kann doch nicht zulassen, daß du eins nach dem anderen holst!"

„Das sehe ich ein", antwortete der Wolf. „Ich bin dir nicht böse, aber die Schafe hole ich mir doch!"

„Dann werde ich mit dir kämpfen!" sagte der alte Hund.

„Gut", rief der Wolf. „Abgemacht!"

In der Nacht holte der Wolf ein Schaf. Als der Hund laut bellte, lief der Bauer dem Wolf mit dem Dreschflegel nach und holte sich das Schaf zurück.

Am nächsten Tag schickte der Wolf das Wildschwein zu dem alten Hund und ließ ihm sagen: „Komm in den Wald, da wollen wir den Kampf austragen. Weil du aber schon alt und lahm bist, darfst du dir jemanden mitnehmen, der dir hilft."

Der alte Hund konnte keinen andern finden, der mit ihm in den Kampf zog, als die Hofkatze. Die Katze hatte sich eine Pfote verletzt und humpelte auf drei Beinen, und weil ihr die Pfote wehtat, streckte sie den Schwanz steil in die Höhe.

Der Wolf und das Wildschwein waren schon auf dem Kampfplatz. Als sie den Hund und die Katze mit ihrem hochgereckten Schwanz daherkommen sahen, meinten sie, die Katze hätte einen Säbel mit. Und weil sie noch dazu hinkte, dachten Wolf und Wildschwein: Die hebt ja einen Stein nach dem anderen auf, um nach uns zu werfen!

Den beiden wurde angst. Das Wildschwein verkroch sich im Laub, und der Wolf kletterte auf einen Baum.

Als der Hund und die Katze näher kamen, wunderten sie sich, daß niemand da war. Die Katze sah sich um, in dem Augenblick zuckte das Wildschwein unter dem Laub mit einem Ohr. Weil die Katze das Wildschweinohr für eine Maus hielt, sprang sie hin und biß herzhaft hinein, und das Wildschwein quiekte und rannte fort.

Der Wolf oben auf dem Baum aber sah, daß ein armer alter Hund und eine lahme Katze den Kampf mit ihm wagen wollten. Da schämte er sich und sagte: „Lassen wir's gut sein! Ein starker Wolf vergreift sich nicht an einem, der schwach ist!"

Und so schlossen die Tiere Frieden.

Die grüne Insel

Es waren einmal Fischersleute, die lebten in einer Hütte am Meeresufer. Eines Tages fuhr der Vater mit seinem ältesten Jungen auf eine Insel, auf der ein alter Nußbaum wuchs, der über und über voller Nüsse war. Der Vater stieg in den Nußbaum hinauf und schüttelte die Nüsse herunter, der Junge sammelte sie ein und trug sie zum Boot.

Als er ins Boot stieg, kam plötzlich ein heftiger Sturm auf, riß das Boot los und trieb es weit hinaus aufs Meer. Der Vater sah nur noch einen kleinen Punkt auf dem großen Meer und dann auch den nicht mehr.

Das Boot mit dem Jungen wurde an eine andere Insel getrieben, die war schön grün. Er stieg aus und sah sich um, aber er fand kein Haus und keine Hütte und keinen Menschen. Da holte er das Boot an Land und nahm alles heraus, was sein Vater für die Fahrt mitgenommen hatte: Feuerzeug, Werkzeug und Nägel und ein wenig Essen. All das und auch die Nüsse, die er gesammelt hatte, trug der Junge in eine kleine Felshöhle. Dann sammelte er Laub und Moos und machte sich ein Bett daraus. Auch einen kleinen Feuerherd baute er.

Der Junge suchte Beeren und Wurzeln, fing Fische und mußte keinen Hunger leiden.

Viele Tage vergingen.

Einmal trat er auf eine scharfkantige Muschel, und sein Fuß blutete sehr. Einmal fiel er von einem Felsen und blieb liegen, und niemand war da, der ihm half. Er wurde krank und weinte, weil ihn niemand pflegen konnte. Aber er wurde wieder gesund und dachte: Einmal muß doch ein Schiff vorbeikommen und mich mitnehmen!

Der Junge flocht Binsenkörbchen und sammelte allerlei bunte Steinchen, die wollte er seinen kleinen Geschwistern mitbringen.

Eines Tages, als er nicht in der Höhle war, zerblies der Wind das Feuer auf seinem Herd. Sein Laubbett fing an zu brennen, und eine große Rauchwolke quoll aus der Höhle und stieg zum Himmel auf.

Am selben Tag fuhr der Vater wieder einmal auf die Insel mit dem Nußbaum. Diesmal begleitete ihn sein zweitältester Sohn. Als sie an Land gingen, sagte der Vater: „Hier war es, wo der Sturm damals deinen armen Bruder fortgetrieben hat. Das Boot war nur noch ein Punkt, dort draußen auf dem weiten Meer. Und dann habe ich auch das aus den Augen verloren."

„Dort draußen ist eine Insel, Vater!" rief der zweite Sohn. „Hast du die nicht gesehen?"

„Du hast bessere Augen als ich", antwortete der Vater. „Ist dort wirklich eine Insel?"

„Ja, und von der Insel steigt Rauch auf!" rief der Sohn.

Da sprangen die beiden ins Boot und fuhren zu der Insel hin. Und als sie dort ankamen, fanden sie den Jungen, sie fielen einander um den Hals, und er erzählte ihnen seine Geschichte.

Bevor es Abend wurde, war er wieder daheim in der Fischerhütte. Er schenkte seinen Geschwistern die bunten Steinchen, die er gesammelt hatte, aber es waren keine Steinchen, sondern lauter Edelsteine.

Das Zauberfaß

Es war einmal ein Mann, der ging aufs Feld und grub in seinem Acker und grub ein großes Faß aus. Es war ein Zauberfaß, aber das wußte der Mann nicht.

Er ging heim und nahm das Faß mit.

„Mach das Faß sauber!" sagte er zu seiner Frau.

Die Frau nahm eine Bürste und wollte das Faß inwendig sauber putzen. Dabei fiel ihr die Bürste aus der Hand – da war auf einmal das ganze Faß voll mit Bürsten. Die Frau fing an zu schreien, und als ihr Mann gelaufen kam, wollten sie mitsammen die Bürsten aus dem Faß holen. Aber das half gar nichts! So viele sie auch herausnahmen, das Faß blieb voller Bürsten. Da nahm der Mann alle Bürsten, die er nur tragen konnte, ging auf den Markt und verkaufte sie. Eine Zeitlang lebten sie vom Verkauf der Bürsten.

Einmal fiel zufällig ein Stück Geld in das Faß. Schon waren alle Bürsten verschwunden, und das Faß war voll mit Geldstücken. Jetzt wurden sie reich, der Mann und die Frau. Das Geld im Faß wurde nicht weniger, so viel sie auch herausholten.

Nun hatten sie aber einen alten, zittrigen Großvater im Haus. Der Mann sagte: „Unser Großvater arbeitet nichts und verdient sein Essen nicht! Soll er wenigstens Geld aus dem Faß schaufeln!"

So mußte der alte, zittrige Großvater den ganzen Tag an dem Faß stehen und Geld herausschaufeln. Und wenn er müde wurde und nicht mehr schaufeln konnte, schrie ihn der Mann an: „Los! Schaufle! Verdien dir dein Essen!"

Eines Tages konnte der alte Großvater nicht mehr schaufeln, er stützte sich auf das Faß, und vor lauter Schwäche fiel er hinein.

Sofort war das Faß voll alter, zittriger Großväter. Und das Geld war fort. In dem Faß war kein einziger Groschen mehr, nur lauter Großväter.

Jetzt mußten der Mann und die Frau selber alle Großväter aus dem Faß schaufeln und ihnen zu essen geben. Und das kostete sie alles Geld, das sie aus dem Faß geholt hatten. Als gar kein Geld mehr da war, zerbrach das Faß, die Großväter verschwanden, und den alten Großvater, der zum Haus gehört hatte, nahmen sie mit.

Die Prinzessin und der Schweinejunge

Es war einmal eine Prinzessin, die wohnte in einem prächtigen Schloß. Sie hatte wunderschöne Kleider, goldene Ketten und goldene Ringe, Spielzeug aus Silber und Gold und eine goldene Kutsche noch dazu.

Im Schloß lebte auch ein Junge, der hütete die Schweine. Er schlief im Schweinestall, lief barfuß und besaß nur einen einzigen Kittel und eine geflickte Hose. Jeden Morgen trieb er die Schweinchen in den Wald, und jeden Abend trieb er sie zurück in den Stall. Im Wald wurde ihm die Zeit nie lang. Er hatte sich eine Flöte aus einem Weidenzweig geschnitzt und spielte darauf. Wenn er spielte, stellten seine Schweinchen sich auf die Hinterbeine und fingen zu tanzen an. Und wenn er dreimal auf der Flöte pfiff, kamen sie gleich gerannt.

Dem Schweinejungen schien die Prinzessin das Allerschönste auf der Welt. Er sah sie aber immer nur von fern. Die Prinzessin kam nie in den Schweinestall. Einmal aber stand der Schweinejunge an der Schloßtreppe, gerade als die Prinzessin in die goldene Kutsche steigen wollte.

„Was stinkt da so?" fragte die Prinzessin und rümpfte die Nase.

„Der Schweinejunge!" sagte der Kutscher.

„Schick ihn zu den Schweinen!" rief die Prinzessin.

Der Schweinejunge lief davon. Er trieb die Schweine in den Wald und war traurig. Die Lieder, die er auf seiner Flöte blies, waren traurige Lieder. Die Schweinchen waren traurige Lieder nicht gewöhnt, weil er sonst immer lustige spielte.

>Sie kamen heran,
>sie stupsten ihn mit ihren Rüsseln,
>sie schnüffelten und grunzten,
>sie quiekten und wollten tanzen.

Der Schweinejunge konnte nicht anders, er mußte wieder ein lustiges Lied spielen. Und die Schweinchen fingen an zu tanzen.

Es fuhr aber die goldene Kutsche vorbei, und die Prinzessin sah die Schweinchen tanzen.

Die Schweinchen standen auf den Hinterbeinen,
trippelten vor,
trippelten zurück,
wackelten mit den Ringelschwänzchen
und drehten sich im Kreis herum.

So etwas hatte die Prinzessin noch nie gesehen. Sie besaß Spielzeug aus Silber und Gold, aber ein tanzendes Schweinchen hatte sie nicht.

Die Prinzessin stieg aus der Kutsche und befahl dem Kutscher, allein ins Schloß zu fahren. Dann ging sie zu dem Schweinejungen.

„Gib mir ein Schweinchen!" sagte sie.

„Was bekomme ich dafür?" fragte der Schweinejunge.

„Wieviel Geld willst du haben?" fragte die Prinzessin.

„Geld brauche ich keines", antwortete der Schweinejunge. „Gib mir einen Kuß, und ich gebe dir ein Schweinchen."

„Einen Schweinejungen küsse ich nicht!" rief die Prinzessin.

„Ohne Kuß kein Schweinchen", antwortete der Junge.

Was ist schon dabei? dachte die Prinzessin. Es sieht mich ja keiner, wenn ich den Schweinejungen küsse.

Sie gab ihm also einen Kuß und bekam dafür ein Schweinchen.

Die Prinzessin ging mit dem Schweinchen zum Schloß. Das Schweinchen kuschelte sich in ihre Arme. Kaum aber waren die beiden auf der Schloßtreppe, pfiff der Schweinejunge dreimal auf seiner Flöte. Das Schweinchen sprang aus den Armen der Prinzessin und rannte zu dem Schweinejungen zurück.

Am nächsten Tag ging die Prinzessin wieder in den Wald. Ein tanzendes Schweinchen, das mußte sie haben! Sie wollte aber nicht zugeben, daß ihr das Schweinchen davongelaufen war, und sagte zu dem Jungen: „Mein Schweinchen ist einsam, so ganz allein. Gib mir noch eins dazu!"

„Für ein zweites Schweinchen will ich zwei Küsse haben", sagte der Schweinejunge.

Es sieht mich ja keiner, wenn ich ihn küsse! dachte die Prinzessin.

Und sie gab dem Schweinejungen zwei Küsse.
Dafür bekam sie ein Schweinchen.

Als sie beim Schloßtor war, pfiff der Schweinejunge dreimal auf seiner Flöte, und auch das zweite Schweinchen kam zurückgerannt.

Am nächsten Tag ging die Prinzessin wieder in den Wald und sagte: „Meinen zwei Schweinchen ist langweilig. Gib mir noch eins, damit sie drei sind."

„Für ein drittes Schweinchen mußt du mir drei Küsse geben", sagte der Junge.

„Drei Küsse für ein Schweinchen sind zuviel!" rief die Prinzessin.

„Drei Küsse oder gar kein Schweinchen!" sagte der Junge und begann auf seiner Flöte zu spielen.

> Die Schweinchen stellten sich auf die Hinterbeine,
> trippelten vor,
> trippelten zurück,
> wackelten mit den Ringelschwänzchen
> und drehten sich im Kreis herum.

Soll er die Küsse haben! dachte die Prinzessin. Es sieht ja doch keiner, wenn ich ihn küsse!

Und sie gab dem Schweinejungen drei Küsse.

Der König hatte seine Tochter in den Wald gehen sehen. Was tut eine Prinzessin im Wald? dachte er und ging ihr nach. Und da sah er, wie die Prinzessin dem Schweinejungen drei Küsse gab.

„Bist du verrückt?" rief der König. „Eine Prinzessin küßt keinen Schweinejungen!"

„Aber seine Schweinchen können tanzen", sagte die Prinzessin, „und er gibt Schweinchen nur für Küsse her."

„Eine Prinzessin, die einen Schweinejungen geküßt hat, ist keine Prinzessin mehr", sagte der König. „Schweinejunge, nimm sie dir! Ich gebe sie dir zur Frau."

„Vielen Dank, Herr König," antwortete der Schweinejunge, „aber ich will sie gar nicht. Behaltet Eure Prinzessin, und schenkt mir lieber die Schweinchen. Ich wollte mir schon lange die Welt ansehen, aber ohne meine Schweinchen mag ich nicht fort."

„Ist mir auch recht", sagte der König. „Nimm dir die Schweinchen!"

Da pfiff der Schweinejunge auf seiner Flöte und wanderte fort, und die Schweinchen tanzten fröhlich hinterdrein.

Das Eselein

Es lebten einmal ein König und eine Königin, die hatten alles, was sie sich wünschten, nur keine Kinder. Endlich, nach vielen Jahren, bekam die Königin ein Kind. Es sah aber nicht wie ein

Menschenkind aus, sondern wie ein kleiner Esel. Da weinte und jammerte die Königin. Der König aber sagte: „Wenn es auch ein Eselein ist, wollen wir es doch wie einen Sohn liebhaben."

So zogen sie es auf und hatten ihre Freude daran. Das Eselein wurde größer, und die Ohren wuchsen ihm hoch und lang. Es war immer fröhlich und lachte und sprang herum. Vor allem liebte es Musik. Es lernte die Laute spielen und spielte bald besser als jeder andere im Königreich.

Einmal ging das Eselein im Schloßgarten spazieren, kam an einen Brunnen und setzte sich an den Rand. Und wie es in den Brunnen schaute, sah es im spiegelnden Wasser sich selber. Warum sehe ich anders aus als alle anderen Menschen? dachte das Eselein. Warum habe ich so lange Ohren?

Es wurde so betrübt, daß es seine Laute nahm und heimlich aus dem Schloß fortging. Nachdem es lange gewandert war, kam es zum Schloß eines anderen Königs, der war alt und hatte nur eine einzige Tochter.

Das Eselein setzte sich vor das Schloßtor und begann auf seiner Laute zu spielen. Der alte König hörte die Musik und ließ das Eselein vor sich führen. Als das Eselein in den Saal trat, fingen alle zu lachen an, nur der König und seine Tochter lachten nicht.

„Komm her zu mir, Eselein", sagte der König, und dann fragte er: „Wie gefällt dir meine Tochter?"

Das Eselein schaute die Königstochter an und sagte: „Sie ist so schön, wie ich noch keine gesehen habe."

„So sollst du auch neben ihr sitzen", sagte der König.

Das Eselein setzte sich an die Seite der Königstochter und spielte auf seiner Laute, und es klang lieblicher als je zuvor.

Von diesem Tag an blieb das Eselein im Schloß des alten Königs und war so vergnügt wie früher. Einmal aber, als es im Garten war, sah es wieder sein Spiegelbild im Brunnen. Da ließ es den Kopf traurig hängen, trat vor den König und sagte, es wolle fortgehen.

Der König hatte das Eselein aber liebgewonnen und sagte: „Bleib bei mir! Ich will dir alles geben, was du verlangst. Willst du Gold?"

„Nein", sagte das Eselein.

„Willst du mein halbes Reich?"

„Ach nein!"

„Wenn ich nur wüßte, was dich wieder fröhlich macht", sagte der König. „Willst du meine Tochter zur Frau?"

„Ach ja", sagte das Eselein, denn das war's gerade, was es sich gewünscht hatte.

Also wurde die Hochzeit gefeiert. Abends, als das Eselein und die Braut in ihre Schlafkammer gingen, dachte der König: Ich will doch wissen, ob meine Tochter mit dem Eselein auch glücklich ist.

Der König schlich zur Tür und schaute durchs Schlüsselloch. Drinnen sagte das Eselein zur Königstochter: „Bist du nicht traurig, weil du ein Eselein zum Mann bekommen hast?"

„Nein", sagte die Königstochter, „ich hab dich lieb und will dich mein Lebtag behalten."

Da fiel die Eselshaut ab, und ein schöner junger Mann stand da. Die Braut küßte ihn und hatte ihn von Herzen lieb.

Als die beiden eingeschlafen waren, ging der König leise in die Kammer und nahm die Eselshaut fort. Er ließ ein großes Feuer anzünden und verbrannte die Haut darin.

Am Morgen suchte der junge Mann seine Eselshaut, konnte sie aber nicht finden. Aus dem Eselein war für immer ein Mensch geworden. Da war er von Herzen froh. Er reiste mit seiner Braut und dem alten König zu seinen Eltern, und dort wurde zum zweitenmal Hochzeit gefeiert.

Dornröschen

Vor langer Zeit waren ein König und eine Königin, die wünschten sich ein Kind. Einmal, als die Königin im Schloßteich badete, sagte sie über das grüne Wasser hin: „Wenn ich doch ein Kind hätte!" Kaum hatte sie das gesagt, kam ein Frosch aus dem Wasser und sprach: „Bevor ein Jahr vergeht, wird dein Wunsch erfüllt werden."

Übers Jahr bekam die Königin ein Mädchen, und aus Freude darüber gab der König ein großes Fest, zu dem von weit und breit Gäste eingeladen wurden, auch zwölf Feen. Es waren ihrer dreizehn Feen im Königreich, weil der König aber nur zwölf goldene Teller hatte, mußte eine von ihnen daheimbleiben.

Als die zwölf Feen von den zwölf goldenen Tellern gegessen hatten, traten sie an die Wiege und sprachen gute Wünsche über die neugeborene Prinzessin. Sie versprachen Schönheit, Gesundheit und Reichtum. Als elf Feen ihre Wünsche gesagt hatten, trat die dreizehnte Fee herein. Sie ging zur Wiege und rief: „Die Königstochter soll sich in ihrem fünfzehnten Jahr an einer Spindel stechen und tot hinfallen."

Alle waren starr vor Schreck. Da trat die zwölfte Fee, die ihren Wunsch noch nicht ausgesprochen hatte, an die Kinderwiege und sagte: „Es soll kein Tod sein, sondern ein hundertjähriger tiefer Schlaf, in welchen die Königstochter fällt."

Am selben Abend noch gab der König den Befehl, alle Spindeln im ganzen Königreich zu verbrennen.

Jahre vergingen, und niemand dachte mehr an den Spruch der dreizehnten oder der zwölften Fee. Es geschah aber, daß an dem Tag, an dem die Königstochter gerade fünfzehn Jahre alt wurde, der König und die Königin nicht zu Haus waren. Das Mädchen blieb allein zurück. Da ging es im Schloß herum, schaute in Stuben und Kammern, wie es Lust hatte, und kam endlich in einen alten Turm. Es stieg die enge Wendeltreppe hinauf und gelangte zu einer kleinen Tür. In dem Schloß steckte ein verrosteter Schlüssel. Als es den Schlüssel umdrehte, sprang die Tür auf, und da saß in einem kleinen Stübchen eine alte Frau mit einer Spindel und spann Flachs.

„Was machst du da, Mütterchen?" fragte die Königstochter.

„Ich spinne", antwortete die Alte und nickte mit dem Kopf.

„Was ist das für ein Ding, das so lustig herumspringt?" fragte das Mädchen und griff nach der Spindel. Kaum hatte sie die Spindel angerührt, ging der Spruch der dreizehnten Fee in Erfüllung, und die Königstochter stach sich damit in den Finger.

In dem Augenblick aber, als sie den Stich am Finger spürte, fiel sie nieder und sank in einen tiefen Schlaf. Und Schlaf kam über das ganze Schloß. Der König und die Königin, die eben heimgekommen waren, schliefen ein, und mit ihnen schlief der ganze Hofstaat. Es schliefen die Pferde im Stall und die Hunde im Hof, die Tauben auf dem Dach und die Fliegen an der Wand. Das Feuer auf dem Herd flackerte leiser, wurde still und schlief ein, und da hörte der Braten auf zu brutzeln. Der Wind legte sich, und auf den Bäumen vor dem Schloß regte sich kein Blättchen mehr.

Rings um das Schloß begann eine Dornenhecke zu wachsen, die Jahr für Jahr höher wurde und endlich das ganze Schloß umwucherte, bis nichts mehr davon zu sehen war, nicht einmal die Fahne auf dem Dach. Im Land aber verbreitete sich die Sage von der schlafenden Königstochter Dornröschen. Viele Prinzen kamen und wollten durch die Hecke in das Schloß dringen, aber die Dornen hielten sie fest und ließen sie nicht durch.

Hundert Jahre vergingen, und wieder kam ein Königssohn. Es war der Tag, an dem Dornröschen erwachen sollte. Die Hecke war voll Rosenblüten, und die dornigen Ranken taten sich vor dem Prinzen von selbst auseinander. Sie ließen ihn unbeschädigt durch und rankten sich hinter ihm wieder zur Hecke zusammen. Im Schloßhof sah der Prinz die scheckigen Jagdhunde liegen und schlafen, im Stall schliefen die Pferde, und auf dem Dach saßen die Tauben und hatten das Köpfchen unter den Flügel gesteckt. Als er ins Haus kam, schliefen da die Fliegen an der Wand. Der Koch hielt die Hand in der Luft, denn er war eingeschlafen, als er dem Küchenjungen eben eine Ohrfeige hatte geben wollen. Die Magd saß vor dem Huhn, das sollte gerupft werden.

Der Prinz ging weiter und sah im Saal den ganzen Hofstaat liegen und schlafen, und oben auf dem Thron schliefen der König und die Königin. Der Prinz ging noch weiter, und alles war so still, daß er seinen eigenen Atem hörte. Endlich kam er zu dem Turm und öffnete die Tür, hinter der Dornröschen schlief. Da lag es und war so schön, daß er die Augen nicht abwenden konnte, und er bückte sich und gab ihm einen Kuß. Und wie er es mit dem Kuß berührt hatte, schlug Dornröschen die Augen auf, erwachte und blickte ihn freundlich an.

Sie gingen zusammen aus der Turmstube in das Schloß hinunter. Da erwachten der König und die Königin und der ganze Hofstaat und sahen einander verwundert an und verstanden nicht, was geschehen war. Die Pferde im Stall standen auf und schüttelten sich, die Jagdhunde begannen zu wedeln. Die Tauben auf dem Dach zogen das Köpfchen unter dem Flügel hervor, gurrten und flogen in das Feld. Das Feuer in der Küche flackerte auf und kochte das Essen. Der Braten fing wieder an zu brutzeln, und der Koch gab dem Jungen die Ohrfeige. Und die Magd rupfte das Huhn fertig. Dornröschen und der Prinz aber feierten Hochzeit, und wenn sie einander liebbehalten haben, dann leben sie heute noch.

Kari Grashemd

Es war einmal ein Mädchen, dem war seine Mutter gestorben, und es hatte niemanden mehr auf der Welt. Da beschloß es fortzuwandern. Vorher aber ging es noch einmal zum Grab seiner Mutter und weinte. Das Mädchen hieß Kari.

Als Kari aus dem Friedhof ging, strich ihr ein Kätzchen um die Beine. Das Kätzchen lief vor ihr her, und Kari war froh, daß sie nicht mehr ganz allein war. Kari und das Kätzchen wanderten lange und kamen endlich zu einem Königsschloß.

Da begann das Kätzchen zu sprechen. „Geh in das Schloß", sagte es, „und bitte um Arbeit." Dann rupfte das Kätzchen einen Grashalm aus und machte daraus ein gräsernes Hemd. Kari mußte das Hemd anziehen, und das Kätzchen strich dem Mädchen Erde ins Haar, damit es recht schmutzig aussah. So ging Kari ins Schloß, und dort durfte sie in der Küche helfen. Weil sie immer das Grashemd trug, nannten alle sie nur Kari Grashemd.

Einmal sah der Prinz das Mädchen mit dem Grashemd aus der Küche kommen und fragte erstaunt: „Wer bist denn du?"

„Ich bin Kari Grashemd", sagte Kari.

„Was für ein merkwürdiger Name", sagte der Prinz.

Am andern Tag war Sonntag, und da wollte der Prinz, daß Kari Grashemd und keine andere ihm das Waschwasser brachte. Kari lief in ihrem Grashemd die Treppe hinauf und brachte dem Prinzen das Waschwasser. Als der Prinz sich gewaschen hatte, fuhr er zur Kirche. Alle Leute aus dem Schloß fuhren zur Kirche, nur Kari in ihrem gräsernen Hemd mußte daheimbleiben, weil niemand sie mitnehmen wollte.

Traurig ging Kari Grashemd in den Garten. Da war auf einmal das Kätzchen wieder da. Das Kätzchen schnurrte, rupfte einen Grashalm aus, und aus dem Grashalm machte es ein Kleid, das wie der Regenbogen schimmerte, und noch dazu ein Paar regenbogenfarbener Schuhe. Dann rupfte es einen zweiten Grashalm aus und machte daraus ein braunes Pferd.

Kari Grashemd wusch sich am Brunnen, zog das Regenbogenkleid und die Regenbogenschuhe an und ritt auf dem braunen

Pferd zur Kirche. Alle wunderten sich über das schöne fremde Mädchen, und der Prinz wandte die ganze Messe lang seine Augen nicht von ihm ab.

Als Kari aus der Kirche ging, folgte der Prinz ihr und fragte: „Woher kommst du, schönes Mädchen?"

„Aus dem Waschwasserland", antwortete Kari Grashemd, sprang auf ihr Pferd und ritt pfeilschnell fort.

Im Schloß gab sie Kleid und Pferd dem Kätzchen zurück und schlüpfte wieder in ihr Grashemd. Nicht lange danach kam der Prinz und sagte: „Kari Grashemd, heute hättest du in der Kirche sein sollen. Ein fremdes Mädchen kam, das war so schön wie der Regenbogen."

„Was geht mich das Regenbogenmädchen an!" sagte sie.

Am nächsten Sonntag wollte der Prinz, daß Kari Grashemd ihm das Handtuch brachte. Kari lief die Treppe hinauf, daß ihr Grashemd raschelte, und brachte dem Prinzen das Handtuch. Als der Prinz sich abgetrocknet hatte, fuhr er zur Kirche, und alle Leute aus dem Schloß fuhren zur Kirche. Und wieder mußte Kari Grashemd daheimbleiben.

Diesmal lief sie gleich in den Garten, und dort wartete schon das Kätzchen auf sie. Es rupfte einen Grashalm aus und machte daraus ein Kleid, das funkelte wie Sternenlicht, und ein Paar sternsilberne Schuhe noch dazu. Aus einem zweiten Grashalm wurde ein schwarzes Pferd.

Kari wusch sich am Brunnen, zog das sternfunkelnde Kleid und die sternsilbernen Schuhe an und ritt zur Kirche. Wieder konnte der Prinz die Augen nicht von dem fremden Mädchen abwenden. Als die Messe aus war, lief er ihm nach und fragte: „Woher kommst du, silbernes Sternenmädchen?"

„Aus dem Handtuchland!" antwortete Kari Grashemd. Sie sprang aufs Pferd und ritt pfeilschnell davon.

Im Schloß gab sie Pferd und Kleid dem Kätzchen und zog das gräserne Hemd an. Als der Prinz heimkam, sagte er: „Kari Grashemd, heute hättest du in der Kirche sein sollen! Das fremde Mädchen war wieder da in einem Kleid, das funkelte wie die Sterne."

„Was geht mich das fremde Mädchen an!" sagte Kari.

Am nächsten Sonntag wollte der Prinz, daß Kari Grashemd ihm den Kamm brachte. Kari lief die Treppe hinauf, daß ihr Grashemd raschelte, und brachte dem Prinzen den Kamm. Hernach fuhren die Leute aus dem Schloß zur Kirche. Der Prinz aber ritt dieses Mal auf seinem Pferd, das war so schnell wie der Wind.

Kari Grashemd lief in den Garten und erhielt von dem Kätzchen ein goldenes Kleid, das wie die Sonne strahlte, und ein Paar goldene Schuhe dazu. Diesmal wurde aus dem Grashalm ein schneeweißes Pferd. Kari wusch sich am Brunnen, zog sich an und ritt zur Kirche.

Als sie aus der Kirche ging, stand der Prinz schon da und fragte: „Woher kommst du, goldenes Mädchen?"

„Aus dem Kammland!" antwortete Kari und wollte auf ihr Pferd springen. Der Prinz aber hatte die Kirchenschwelle mit Honig bestreichen lassen, darin blieb einer der goldenen Schuhe hängen. Kari ritt davon, der Prinz nahm den goldenen Schuh und folgte ihr. Wohl war sein Pferd so schnell wie der Wind, aber Karis Pferd war schneller. Sie erreichte das Schloß vor dem Prinzen, doch das goldene Kleid konnte sie nicht mehr ausziehen. Ihr blieb gerade noch Zeit, das Grashemd überzustreifen und sich Asche ins Gesicht zu schmieren, bevor der Prinz ihr nachkam.

„Kari Grashemd", rief er, „hast du nicht ein fremdes Mädchen in einem goldenen Kleid gesehen?"

„Was geht mich ein fremdes Mädchen in einem goldenen Kleid an!" antwortete Kari Grashemd. „Ich habe keines gesehen."

Der Prinz ließ nun alle Mädchen aus dem Schloß und alle Mädchen von weit und breit herkommen. Sie sollten den goldenen Schuh probieren, und das Mädchen, dem der Schuh paßte, sollte seine Frau werden.

Aber so viele Mädchen auch kamen, keine konnte den Fuß in den Schuh zwängen, bei dem einen Mädchen waren die Zehen zu groß, bei dem anderen paßte die Ferse nicht.

Nur Kari Grashemd kam nicht, um den Schuh zu probieren. Die Leute aus dem Schloß hatten sie in eine Truhe gesteckt, weil sie gar so schmutzig war.

Als das letzte Mädchen den Schuh probiert hatte, kam das Kätzchen herein und sagte:

"Kari Grashemd in der Truh'
paßt der gold'ne Honigschuh!"

Die Leute aus dem Schloß wollten das Kätzchen fortjagen, der Prinz aber rief: "Nein! Vielleicht sagt das Kätzchen die Wahrheit. Komm heraus aus der Truhe, Kari Grashemd!"

Kari Grashemd stieg aus der Truhe. Sie wusch sich das Gesicht, nahm den goldenen Honigschuh und schlüpfte hinein. Der Schuh paßte ihr wie angegossen. Dann warf Kari das Grashemd ab und stand da in ihrem goldenen Kleid, und an ihrem anderen Fuß glänzte der zweite Goldschuh.

Da erkannte der Prinz das Mädchen, er nahm Kari in die Arme und küßte sie. „Kari Grashemd soll meine Frau werden und keine andere!" sagte er.

Am Morgen der Hochzeit kam das Kätzchen und fragte: „Kari, weißt du, wer ich bin?"

„Nein", antwortete Kari.

„Ich bin deine Mutter", sagte das Kätzchen, „und ich wünsche dir alles Glück auf der Welt."

Dünnling Langbein

Vor sehr langer Zeit ging ein Mann über sein Feld gegen den Wald zu, um einen Hasen zu fangen. Das Feld war weiß von Schnee, und immer mehr Schnee kam vom Himmel. Bald konnte der Mann keine drei Schritt weit mehr sehen, alles ringsum war mit Schneeschleiern verhängt. Der Mann war noch gar nicht weit von zu Hause fort, und wenn es nicht geschneit hätte, dann hätte er noch das Dach seiner Hütte sehen müssen, so aber sah er es nicht.

Ich habe mich verirrt, dachte er und erschrak.

Der Mann war nicht mehr jung. Er hatte eine Frau daheim, die war auch nicht mehr jung. Zwanzig Jahre waren die beiden verheiratet. Der alte Mann im Schnee mußte plötzlich daran denken, wie traurig das war, daß sie kein Kind hatten. Wenn ich jetzt nicht mehr heimfinde, werde ich erfrieren, dachte er, und dann wird die Frau ganz allein sein.

Der Schnee fiel immer dichter. Der alte Mann stapfte noch eine Weile weiter, dann war er so müde, daß er sich hinsetzen mußte. Plötzlich sah er einen schwarzen Hasen aus dem weißen Gestöber auftauchen. Der Hase setzte sich dicht neben den Mann. Da packte der Mann den Hasen an den Ohren.

„Laß mich los", sagte der Hase. „Du wirst doch nicht deinen Freund fangen und braten!"

Der alte Mann fiel in Ohnmacht vor Schreck. Er hatte noch nie einen Hasen getroffen, der reden konnte. Als er wieder zu sich kam, war der schwarze Hase noch immer da und sagte:

„Du hast zwar schon viele aus meiner Familie gefangen und gebraten, aber ich will dir das nicht nachtragen, wenn du es nie mehr tust. Außerdem will ich dir einen Wunsch erfüllen. Aber es muß ein Herzenswunsch sein."

Der alte Mann dachte nach und sagte: „Unser Herzenswunsch war immer ein Kind. Aber wir haben keines gekriegt."

„Ihr werdet eins kriegen", sagte der Hase. „Übers Jahr wirst du einen Sohn haben. Steh auf und komm, ich führ dich heim. Geh meiner Spur im Schnee nach, und erzähl keinem Menschen, daß du mich getroffen hast. Und töte bitte keinen Hasen mehr."

„Das verspreche ich dir", sagte der alte Mann. Der Hase verschwand mit einem Satz, und der Mann folgte der Hasenspur im Schnee. Bald kam er an seine Hütte.

„Wo warst du denn so lang?" fragte seine Frau.

„Auf einem Irrhügel war ich", antwortete der Mann. „Mir ist etwas Wunderliches begegnet. Seit heute weiß ich, daß wir übers Jahr ein Kind haben werden."

„Dazu sind wir schon viel zu alt!" sagte die Frau. Der Mann aber antwortete: „Es ist unser Herzenswunsch, und er wird in Erfüllung gehen."

Übers Jahr bekamen sie wirklich ein Kind, einen Sohn. Er war dünn wie ein Stock und hatte ganz dünne Beine.

„So was hab ich mein Lebtag noch nicht gesehen", sagte ein altes Weib, das zur Taufe geladen war. „Das soll ein Kind sein? Ein Dünnling Langbein ist das!"

Der Junge bekam bei der Taufe einen Namen, aber den vergaßen die Leute; sogar die Eltern mußten sich manchmal besinnen, wie das Kind hieß. Denn alle nannten den Kleinen nur noch Dünnling Langbein.

Dünnling Langbein wurde ein fröhlicher, langbeiniger, dünner Junge. Er aß, was er kriegen konnte, aber er blieb dünn, wie er war. Laufen konnte er wie ein Windhund, nein, schneller.

Eines Tages ging Dünnling Langbein mit dem Vater Brennholz

aus dem Wald holen. Da sahen sie einen Hasen rennen, und ein Wiesel verfolgte ihn. Der Hase schrie laut um Hilfe. Dünnling Langbein rannte auf ihn zu und erwischte ihn und versteckte ihn unter seiner Jacke. Das Wiesel rannte fort. Der Hase aber sagte: „Danke, Dünnling Langbein. Du hast mir das Leben gerettet. Dafür laß ich mich von dir fangen, wann immer du willst. Vielleicht kann dir das einmal nützen." Damit lief er fort.

Dünnling Langbein ging mit seinem Vater heim. Unterwegs traf er Jäger, die einem Hirsch nachjagten. Aber der Hirsch entwischte ihnen. „Wartet eine halbe Stunde!" sagte Dünnling Langbein zu den Jägern. „Ich werde dem Hirsch nachlaufen und ihn euch zutreiben. Was gebt ihr mir dafür?"

„Zehn Pfennig!" antworteten sie.

„Gut!" antwortete Dünnling Langbein. Er rannte los und trieb den Hirsch den Jägern zu. Als sie den Hirsch hatten, ritten sie fort, aber die zehn Pfennig gaben sie dem Dünnling nicht.

Eine Woche später war Dünnling Langbein wieder draußen, und wieder kamen die Jäger. Sie wollten wissen, ob er einen Hasen gesehen hätte.

„Nein", sagte Dünnling Langbein. „Aber ich weiß, wo einer ist. Gebt mir zehn Pfennig, dann spür ich den Hasen für euch auf."

Sie versprachen ihm die zehn Pfennig, aber sie mußten ihm das Geld vorher geben. „Ich bin zwar dünn, aber nicht dumm!" sagte Dünnling Langbein. Er rannte los und spürte den Hasen auf.

Die Jäger und ihre Hunde rannten hinter Dünnling Langbein her, aber sie holten ihn nicht ein. Und als er den Hasen aufspürte und mit ihm vor den Jägern hersprang, lachte er laut. Er wußte ja, die Jäger konnten den Hasen nicht einholen und ihn auch nicht.

Als die Jäger nicht mehr zu sehen waren, blieben Dünnling Langbein und der Hase stehen.

„Das war ein Spaß!" sagte der Hase.

„Das war ein Spaß!" sagte Dünnling Langbein.

Und sie lachten und lachten, wie nur ein Dünnling Langbein und ein Hase lachen können.

Die alte Frau und die Räuber

Es war einmal eine alte Frau, die hatte niemanden auf der Welt, keinen Mann, keine Söhne und keine Töchter. Ganz allein lebte sie in einer winzigen Hütte im Wald. Weil sie so einsam war, fing sie an, mit den Dingen in ihrer Hütte zu reden. Sie redete mit dem Wasser, das auf dem Herd kochte, mit dem Topf, dem Tisch und dem Besen. Manchmal dachte sie sich aus, daß sie einen Mann und zwölf starke Söhne hätte. Sie unterhielt sich mit ihnen, als ob sie wirklich da wären. „Nun habe ich den ganzen Tag Gesellschaft", meinte sie, „und mir ist nicht mehr so langweilig."

Eines Abends, als es schon dunkel war, schlichen Räuber zur Hütte der alten Frau. Sie horchten an der Tür und hörten die alte Frau reden.

Die alte Frau saß beim Abendessen und unterhielt sich mit ihrem Mann, den es gar nicht gab.

„Morgen gehst du zum Markt, nicht wahr?" fragte sie.

Dann verstellte sie ihre Stimme und antwortete sich selber: „Was soll ich auf dem Markt tun, liebe Frau?"

„Die Kuh verkaufen, das weißt du doch!"

„Das Kälbchen auch?"

„Nein, das Kälbchen nicht! Nur die Kuh. Wieviel wirst du denn dafür bekommen, lieber Mann?"

„Für weniger als hundert Taler gebe ich sie nicht her. Sonst treibe ich sie lieber gleich wieder nach Hause."

„Hundert Taler? Ist das nicht ein bißchen zu teuer?"

„Was? So eine gute Milchkuh! Hundert Taler will ich dafür haben und nicht einen weniger."

Als die Räuber das hörten, flüsterten sie einander zu: „Wenn wir die zwei da drinnen heute überfallen, bekommen wir nichts. Morgen aber können wir hundert Taler erbeuten."

Und sie schlichen leise davon.

Am nächsten Abend, sobald es dunkel war, kamen die Räuber wieder. Sie lauschten an der Tür, weil sie wissen wollten, ob der Handel geglückt war.

Diesmal spielte die alte Frau, daß sie zwölf Söhne hätte.

„Gleich wird Nachtmahl gegessen", sagte sie, „die Suppe ist schon fertig."

Die Räuber spitzten die Ohren. Die alte Frau nahm zwölf Teller und stellte einen nach dem anderen auf den Tisch.

„Das ist dein Teller", sagte sie, „da ist deiner und da deiner..." Und das sagte sie zwölfmal. Dann holte sie den Suppentopf vom Herd. Es war ein winziger Topf, und es war nur ganz wenig Suppe drin. Trotzdem nahm sie den Schöpflöffel und gab in jeden Teller ein wenig Suppe. „Jetzt eßt, liebe Söhne", sagte sie, „und laßt es euch schmecken."

Die Räuber vor der Hütte sahen einander erschrocken an.

„Wie viele sind es?" fragten sie.

„Zwölf", sagte einer. „Sie hat zwölf Teller auf den Tisch gestellt. Ich habe es genau gehört."

„Und sie hat zwölf Schöpflöffel Suppe ausgeteilt", sagte ein zweiter.

„Was können wir gegen zwölf ausrichten?" flüsterten die Räuber. „Wir sind nur sieben!"

„Still!" befahl der Räuberhauptmann. „Warten wir, bis alle schlafen, und dann überfallen wir sie."

Die alte Frau aß die Suppe aus allen zwölf Tellern. Nachher wusch sie die Teller ab; dabei redete sie mit dem Spülwasser. „Gleich mußt du aus der Hütte", sagte sie. „Paß nur auf!" Denn sie schüttete das Spülwasser immer vor der Hütte aus.

Die Räuber sahen sich wieder an. „Verstecken wir uns lieber hinter der Hütte", sagte der Hauptmann. „Wer weiß, was sie vorhat!"

Kaum hatten die Räuber sich hinter der Tür versteckt, als die Tür aufging. Die alte Frau schüttete das Spülwasser aus. Das Wasser rann in kleinen Bächen davon. „Ja, ja", sagte die alte Frau, „du läufst dorthin und du dahin und du dorthin..."

Als die Räuber das hörten, meinten sie, die alte Frau schicke ihnen ihre zwölf Söhne auf den Hals. Sie bekamen Angst und rannten fort, so schnell ihre Füße sie trugen. Und wenn sie nicht stehengeblieben sind, dann laufen sie noch heute.

Der Vogel Melk

Einmal ging ein Bauer aufs Feld und grub das Feld um. Als er am nächsten Morgen wieder hinausging, war das ganze Feld hart wie Stein. Der Bauer plagte sich den ganzen Tag und grub und schaufelte, aber am nächsten Morgen war das Feld wieder hart wie Stein. Da sagte der Bauer zu seiner Frau: „Hier stimmt etwas nicht! Ich werde die Nacht auf dem Felde Wache halten und sehen, was geschieht!"

In der Nacht kam ein Vogel und sang:

> „Huuu huuu!
> Erde zu!"

Und wie der Vogel sang, wurde die Erde hart wie Stein.

Zornig sprang der Bauer aus seinem Versteck und packte den Vogel und ließ nicht mehr los. „Was fällt dir ein!" schrie er. „Wie soll ich denn säen und ernten, wenn die Erde hartgezaubert ist? Wenn du zauberst, müssen wir alle hungern!"

„Das wußte ich nicht!" sagte der Vogel. „Laß mich los! Ich gebe dir so viel Milch, daß du und deine Frau und deine Kinder satt werden."

„Zuerst mußt du mir aber die Erde wieder locker zaubern", sagte der Bauer. Da zauberte der Vogel die Erde wieder locker, und dann ging er mit dem Bauern nach Hause.

Der Vogel aber war der Vogel Melk. Die Frau setzte sich gleich hin und molk ihn, und er gab so viel gute Milch, daß die ganze Familie satt wurde. Von nun an blieb der Vogel Melk bei dem Bauern, und sie molken ihn jeden Tag.

Der Bauer hatte aber den Kindern verboten, irgend jemandem im Dorf von dem Vogel Melk zu erzählen. Er sagte: „Wenn man zuviel über einen Wundervogel redet, fliegt er vielleicht fort!"

Weil aber die anderen Kinder im Dorf sahen, wie rund und gesund die Kinder des Bauern jetzt waren, wurden sie neugierig. Sie fragten und fragten, und endlich sagten die Kinder des Bauern: „Wir haben einen Wundervogel daheim, den melkt unsere Mutter jeden Tag! Und die Milch ist süßer als Kuhmilch!"

Jetzt wollten die anderen Kinder den Wundervogel auch sehen, und sie versprachen, das Geheimnis ihren Eltern nicht weiterzusagen. Als der Bauer und seine Frau einmal nicht daheim waren, ließen die Bauernkinder die anderen Kinder in die Hütte. Sie molken den Vogel, und alle tranken von der süßen Milch.

Als die Kinder satt waren, sagte der Vogel:

„Jetzt habt ihr meine Milch getrunken.
Wollt ihr mich auch tanzen sehn?"

„Ja!" riefen die Kinder. „Tanz, Vogel, tanz!"

„In der Hütte kann ich nicht tanzen", sagte der Vogel Melk.

Die Kinder trugen den Vogel Melk aus der Hütte, und er tanzte ihnen etwas vor. Dann flog er fort.

Die Kinder bekamen Angst und sagten: „Wir müssen ihn suchen gehen!"

So gingen sie alle mitsammen dem Vogel nach. Sie fanden einmal da ein Federchen aus seinem Flügel und einmal dort, und da wußten sie immer, wohin sie gehen mußten. Der Vogel aber führte sie tief in den Urwald.

„Wir sind müde", sagten die kleineren Kinder. „Wir können nicht mehr weiter." Da rasteten sie alle und schliefen ein.

Als sie erwachten, war es dunkle Nacht. Und als der Tag kam, sahen sie, daß sie sich verirrt hatten.

„Wir müssen auf einen hohen Baum klettern", sagten die Kinder. „Vielleicht sehen wir dann, wo wir sind."

Sie kletterten alle auf einen Baum, aber ringsum war nichts als Urwald. Auf dem höchsten Ast des Baumes saß der Vogel Melk.

„Vogel Melk!" riefen die Kinder. „Führ uns nach Hause!"

Da antwortete der Vogel Melk:

„Setzt euch auf meine Schwingen,
ich will euch nach Hause bringen."

Er breitete seine Flügel aus und schwebte zu Boden. Die Kinder kletterten vom Baum und setzten sich ihm auf Flügel und Rücken. Keines blieb zurück, denn der Vogel Melk breitete und breitete die Flügel aus, bis auch das letzte Kind darauf Platz gefunden hatte.

Dann stieg er in die Luft und flog zum Dorf.

Er landete auf dem Dorfplatz und ließ die Kinder absteigen. Die Leute aus dem Dorf sahen den Zaubervogel und liefen alle herbei. Sie umarmten die Kinder und freuten sich, daß alle gesund heimgekommen waren.

Und dann staunten sie den Vogel an und konnten ihn nicht genug bewundern. „Bleibe bei uns!" baten sie.

Der Vogel Melk blieb, und jeden Tag gab er soviel Milch, daß alle Kinder und alle Dorfbewohner genug hatten.

Die Kinder des Bauern aber sagten: „Wie gut, daß wir ihn vor die Hütte gelassen haben, damit er tanzen kann!"

Warum das Meer salzig ist

Vor langer Zeit, als das Meer noch nicht salzig war, lebten zwei Brüder. Der eine war reich, und der andere war arm. Einmal zu Weihnachten ging der arme Bruder auf den Markt und kaufte mit seinem letzten Geld einen schönen großen Schinken für das Festessen.

Auf dem Heimweg kam er an einer Trollhöhle vorüber. Die Trolle rochen den duftenden Schinken schon von weitem und kamen aus der Höhle gelaufen. Sie stellten sich dem armen Bruder in den Weg und schrien: „Verkauf uns deinen Schinken!"

„Ich habe den Schinken für unser letztes Geld gekauft, damit meine Frau und ich fröhliche Weihnachten feiern können", antwortete der Mann.

„Ob du fröhliche Weihnachten feierst oder nicht, ist uns gleich", riefen die Trolle. „Verkauf uns den Schinken, oder wir nehmen ihn dir weg und hauen dir noch eins auf den Buckel!"

„Da verkaufe ich ihn lieber!" antwortete der Mann.

Die Trolle liefen in die Höhle, kamen mit einer Kaffeemühle heraus und sagten: „Da hast du eine Kaffeemühle für deinen Schinken! Wenn du sagst: ‚Mahle, Mühle, mahle!', wird sie alles herbeimahlen, was du haben willst. Wenn du genug hast, brauchst du nur zu sagen: ‚Mühle, steh still!', dann hört sie auf zu mahlen und steht still."

Als der Mann nach Hause kam, stellte er gleich die Kaffeemühle auf den Tisch und sagte: „Mahle, Mühle, mahle uns das feinste Weihnachtsessen!"

Da fing die Mühle an zu mahlen und mahlte das feinste Weihnachtsessen. Der Mann und seine Frau staunten, was alles aus der Kaffeemühle kam.

„Soviel können wir nie im Leben allein aufessen!" rief der Mann. „Mühle, steh still!"

Da stand die Mühle still und hörte auf zu mahlen.

Sie hatte aber so viel Essen gemahlen, daß der Mann und seine Frau die Nachbarn zu dem Festessen einluden, auch den reichen Bruder und seine ganze Familie. Und alle aßen sie und aßen!

Als sie satt waren, sagte der reiche Bruder zu dem armen Bruder: „Wo hast du das viele Essen her? Das mußt du gestohlen haben!"

„Ich habe das Essen nicht gestohlen", antwortete der arme Bruder. „Ich habe einen Schinken gegen eine Zaubermühle eingetauscht." Er holte die Mühle und ließ sie noch ein bißchen Essen mahlen, damit der reiche Bruder ihm glaubte.

„Diese Mühle mußt du mir verkaufen!" rief der reiche Bruder. „Gib sie mir, und ich gebe dir viel Geld dafür!"

Der arme Bruder wollte dem reichen Bruder den Wunsch nicht abschlagen. „Ich gebe dir die Mühle", sagte er, „aber ein paar Tage brauche ich sie noch."

„Gut!" antwortete der reiche Bruder und ging nach Hause.

Der arme Bruder ließ seine Mühle ein neues Häuschen mahlen, weil sein altes schon fast einfiel, dazu noch einen Kuhstall, einen Schafstall und einen Pferdestall. Die Mühle mahlte ihm Kühe und Pferde und Schafe, eine Scheuer voll Korn und einen Schuppen voll Holz.

„Mehr brauche ich nicht!" sagte der arme Bruder und brachte die Mühle dem reichen Bruder.

Der reiche Bruder riß dem armen Bruder die Mühle aus der Hand und rannte ins Haus.

„Wenn sie dir genug gemahlen hat", rief ihm der arme Bruder nach, „dann mußt du sagen: ‚Mühle, steh still!'"

Aber der reiche Bruder hatte es viel zu eilig, die Zaubermühle auszuprobieren, und hörte nicht mehr zu. Er stellte die Mühle auf den Tisch, und weil Heringsuppe sein Lieblingsessen war, rief er: „Mahle, Mühle, mahle Heringsuppe!"

Und die Zaubermühle begann Heringsuppe zu mahlen. Sie mahlte und mahlte Heringsuppe. Der reiche Bruder füllte alle Töpfe damit an, aber die Mühle mahlte weiter. Die Heringsuppe füllte plätschernd die Stube und stieg höher und höher. Der reiche Bruder flüchtete aus dem Haus, und die Heringsuppe floß ihm nach. Er lief zu seinem Bruder und schrie: „Stell die Mühle ab!"

„Gut", sagte der arme Bruder, „aber du mußt sie mir dafür zurückgeben!"

Und weil der reiche Bruder nicht auf der Heringsuppe davonschwimmen wollte, mußte er die Mühle zurückgeben. Der arme Bruder aber nahm die Mühle und sagte: „Mühle, steh still!"

Da stand die Mühle still.

Der arme Bruder hatte jetzt alles, was er brauchte, und benützte die Mühle immer seltener. Eines Tages kam ein alter Freund zu ihm, der war Kapitän und wollte eine große Reise übers Meer machen.

„Wenn ich so eine Zaubermühle hätte", sagte der Kapitän, „müßte ich nicht soviel Proviant mit auf die Reise nehmen."

Der arme Bruder, der nicht mehr arm war, schenkte ihm die Mühle. Darüber war der Kapitän so glücklich, daß er nicht recht zuhörte, als sein Freund ihm erklärte, wie man die Mühle wieder zum Stehen bringen konnte.

Sobald das Schiff aus dem Hafen ausgelaufen war, brachte der Kapitän die Zaubermühle dem Schiffskoch und sagte: „Diese Mühle mahlt alles, was du für die ganze Mannschaft brauchst."

Nun hatte der Koch schon begonnen, die Suppe zu kochen. Als er sie salzen wollte, sagte er: „Mahle, Mühle, mahle Salz!"

Da mahlte die Mühle Salz. Sie mahlte und mahlte, daß das Salz bald über den Tisch floß und aus der Schiffsküche hinaus und über das ganze Schiff. Immer mehr Salz mahlte die Zaubermühle, und das viele Salz war so schwer, daß das Schiff zu sinken drohte.

Der Kapitän packte die Zaubermühle und schleuderte sie weit hinaus aufs Meer. Dann fuhr er ohne Mühle weiter.

Seit damals aber liegt die Mühle auf dem Meeresgrund und mahlt Salz, und deshalb ist das Meerwasser salzig.

Eine Nadelgeschichte

Ein kleines Schiff kam übers Meer,
das schwamm vom großen Nadelland her
und war mit Nadeln beladen.
Mit Stecknadeln und mit Sticknadeln,
mit Stopfnadeln und mit Stricknadeln,
mit Häkelnadeln und mit Spicknadeln
und mit vielen, vielen, vielen Nähnadeln
war das Schiff beladen –
aber mit keinem einzigen Faden.

Die Matrosen hatten zerrissene Hosen.
Das habe ich selber gesehen.
Aber sie konnten die Hosen nicht nähen,
denn das kleine Schiff hatte Nadeln geladen,
aber keinen einzigen Faden.

Das Nadelschiff fuhr in den Hafen ein.
Dort stand ein Schneider ganz allein,

der sah die vielen Matrosen
mit ihren zerrissenen Hosen.
Sie nahmen große Schaufeln zur Hand
und schaufelten und schaufelten
die Stecknadeln und die Sticknadeln,
die Stopfnadeln und die Stricknadeln,
die Häkelnadeln und die Spicknadeln
und die vielen, vielen, vielen Nähnadeln
an Land.

Der Schneider stand auf einem Bein
und fädelte die Nadeln ein:
nicht die Stecknadeln und nicht die Sticknadeln,
nicht die Stopfnadeln und nicht die Stricknadeln,
nicht die Häkelnadeln und nicht die Spicknadeln –
doch die vielen, vielen, vielen Nähnadeln
fädelte er alle ein.
Dann rief er die Matrosen
und nähte ihre Hosen.

Schlampenliese und Riesenmichel

Es war einmal ein Mädchen, das nannten die Leute Schlampenliese. Die Strümpfe hingen ihr in Falten herunter und waren voller Löcher, und ihre Kleider waren nie geflickt. Eines Tages heiratete sie einen jungen Mann, der Riesenmichel hieß. Riesenmichel sprach selten, meistens brummelte er nur vor sich hin, er war groß und hatte grobe Hände und Füße.

Die beiden zogen in eine Hütte. Schlampenliese kochte, und Riesenmichel ging jeden Morgen zur Arbeit und kam abends heim. Daß seine Frau so schlampig war, machte ihm nichts aus, sie sang und lachte gern, und das gefiel ihm.

Nach einem Jahr bekamen die zwei ein Kind, einen kleinen Jungen. Schlampenliese koste und küßte das Kindchen. Sie tat Stroh in einen Korb und legte den kleinen Jungen hinein.

Einmal wollte Schlampenliese Brot backen. Als sie eben den Teig in den Ofen schob, kam die Nachbarin zu Besuch. Als die Nachbarin endlich ging, war das Feuer im Ofen inzwischen erloschen. Liese wollte Feuer machen, aber in der Küche war kein Holz. Als Liese endlich einen Bund Holz hereingeschleppt hatte, fand sie das Messer zum Späneschneiden nicht. Sie suchte und entdeckte es endlich in Riesenmichels Sonntagsstiefeln.

Die ganze Zeit plärrte der Kleine, weil er hungrig war. Schlampenliese nahm Michels Taschenuhr und gab sie dem Kind zum Spielen. Die Taschenuhr hatte Riesenmichel von seinem Großvater geerbt. Sie war so groß wie ein Suppenteller, und auf das Zifferblatt waren Heckenröschen und Gänseblümchen gemalt. Diese Uhr war Riesenmichels ganzer Stolz. Er hatte sie über den Küchenschrank an die Wand gehängt und zog sie jeden Tag eigenhändig auf.

„Liebes Kindchen, schau doch, wie sich die kleinen Räder drehen und drehen", sagte Schlampenliese und klappte Michels Uhr auf. Dann fegte sie die Asche aus dem Ofen, einfach so auf den Fußboden, und machte Feuer.

Der Kleine warf die Uhr aus seinem Korb, und sie fiel in die Asche. Schlampenliese merkte es nicht. Nach einer Weile wollte sie sehen, wie spät es war. Sie suchte und suchte nach der Uhr und entdeckte sie endlich in der Asche. Die Uhr tickte nicht mehr.

Schlampenliese stürzte zum Schaff und wusch die Uhr sauber. Im Spülwasser aber schwammen Fettaugen, Fischgräten und Kartoffelschalen, denn Liese hatte das Wasser schon drei Tage lang nicht gewechselt.

Als die Uhr sauber war, wischte Schlampenliese sie mit dem Geschirrtuch trocken, aber die Uhr wollte und wollte nicht ticken. Inzwischen verbrannte das Brot im Backofen.

Als Riesenmichel heimkam, merkte er sogleich, daß die Uhr nicht mehr tickte. Er sagte kein Wort, setzte sich an den Tisch und wollte sich ein Stück Brot abschneiden. Weil es aber ganz verbrannt und steinhart war, mußte er eine Axt holen. Die Axt sprühte Funken, aber das Brot blieb ganz. Da warf Riesenmichel das verbrannte Brot in die Asche, nahm die Uhr und stapfte aus der Hütte. Er trug die Uhr zum Uhrmacher, und der fand bald heraus, warum die Uhr nicht mehr ticken wollte. In dem einen Rädchen steckte eine Fischgräte, in einem andern ein Stückchen Kartoffelschale, und im dritten hing eine Faser vom Geschirrtuch. Außerdem waren alle Rädchen voll Asche.

Riesenmichel wartete, bis der Uhrmacher die Uhr repariert hatte. Dann nahm er sie und ging ins Wirtshaus und trank sich vor Kummer einen Rausch an. Er kam erst nach Mitternacht heim und verprügelte seine Liese.

Von nun an war's aus mit dem Frieden in dem kleinen Häuschen. Riesenmichel saß jeden Tag im Wirtshaus, und Schlampenliese kränkte sich darüber so sehr, daß sie sich nicht einmal mehr um ihren Kleinen kümmerte. Er lag in schmutzigen Lumpen in seinem Korb und weinte und jammerte vor sich hin.

Eines Abends, als der Mond am Himmel stand und Liese den Michel aus dem Wirtshaus holen gegangen war, kamen die Kleinen Leute, die Elfen aus den Wiesen und holten das weinende Kind aus der Hütte fort. Als die Eltern nach Mitternacht heimkamen, war der Kinderkorb leer. Sie suchten überall, sie rannten ins Dorf und weckten alle Leute. Niemand wußte, wo der Kleine hingekommen war. Da setzte Schlampenliese sich in der Hütte an den Tisch und schluchzte und jammerte. Riesenmichel setzte sich daneben und sagte kein Wort, aber die Tränen liefen ihm über die Backen.

Als die Sonne aufging, war ihnen, als hörten sie von draußen die Stimme ihres Kleinen. Sie stürzten hinaus. Da lag der Kleine im Gras und krähte vergnügt. Seine Windeln waren trocken, Hemdchen und Höschen sauber und geflickt. In den Händchen hielt er einen Veilchenstrauß, und zugedeckt war er mit gelben Himmelschlüsseln, roten Nelken und weißen Margeriten. Und weil die Elfen ihn mit Morgentau gewaschen hatten, war der Kleine viel, viel hübscher als jemals zuvor.

Schlampenliese hatte Angst, die Elfen könnten ein zweitesmal kommen und das Kindchen für immer wegholen. Da nahm sie sich vor, daß alles anders werden müßte. Riesenmichel zimmerte ein Bettchen für den Kleinen. Ins Wirtshaus ging er höchstens am Sonntagvormittag, und dann trank er nur ein Gläschen.

Die Allerordentlichste wurde Schlampenliese nie, aber ein bißchen Schlamperei störte weder Riesenmichel noch sie selber oder den Kleinen. Schlampenliese sang und lachte wieder, und Riesenmichel und der Kleine lachten mit.

ABC, die Katze lief im Schnee

A B C,
die Katze lief im Schnee.
Als sie wieder heraus kam,

hatt' sie weiße Stiefel an.
A B C,
die Katze lief im Schnee.

C D E,
was seh' ich da im Schnee?
Im Schnee sind viele Tupfen,
da tat die Katze hupfen.
C D E,
was seh' ich da im Schnee?

E F G,
die Tupfen sind im Schnee,
die Katze aber lief davon
durchs Alphabet zum Ypsilon,
sie ist schon dort, ich wett':
Jetzt sitzt sie auf dem Zet!

Kater Graufell

Es war einmal ein Bauernjunge, der besaß nur einen grauen Kater und sonst nichts. Der Kater hieß Graufell und konnte reden wie ein Mensch.

Einmal wanderte der Bauernjunge mit Kater Graufell in die Stadt und kam zu dem Platz, wo das Schloß des Königs stand. Als der Bauernjunge vorbeiging, sah er die Königstochter am Fenster sitzen und Nüsse essen. Sie war so schön, daß er stehenblieb und sie immerzu anschaute. Die Königstochter bemerkte den Bauernjungen, und weil er ihr gefiel, warf sie ihm eine Nuß zu.

Der Bauernjunge fing die Nuß auf und steckte sie ein. Er ging aus der Stadt, setzte sich an den Wegrand und weinte.

„Warum weinst du?" fragte Kater Graufell.

„Wie soll ich nicht weinen?" antwortete der Junge. „Ich bin nur ein armer Bauernsohn und werde nie die Königstochter zur Frau bekommen."

„Warte nur", sagte Kater Graufell. „Ich werde dir schon helfen."

Kater Graufell lief in den Wald. Er schlich auf weichen Pfoten dahin, bis er einem Fuchs begegnete. Mit einem Satz sprang er dem Fuchs auf den Rücken. „Wenn du nicht gehst, wohin ich will", sagte Kater Graufell, „kratze ich dir die Augen aus."

Da bekam der Fuchs Angst. Kater Graufell aber ritt auf dem Fuchs geradewegs ins Schloß hinein.

„Mein Herr schickt dir diesen Fuchs", sagte er zum König.

Der König war hocherfreut und ließ den Fuchs in die königlichen Gärten führen. Die Königstochter aber streichelte den Kater, und das gefiel ihm so sehr, daß er schnurrte und den Schwanz kerzengerade in die Luft streckte.

Am nächsten Tag lief Kater Graufell wieder in den Wald. Auf leisen Pfoten schlich er dahin, bis er einem Hirsch begegnete. Mit einem Satz sprang er dem Hirsch zwischen die Geweihstangen. „Wenn du nicht gehst, wohin ich will", sagte Kater Graufell, „kratze ich dir die Augen aus."

Da bekam der Hirsch Angst. Kater Graufell aber ritt auf dem Hirsch geradewegs ins Schloß hinein.

„Mein Herr schickt dir diesen Hirsch", sagte er zum König.

Der König ließ den Hirsch in die königlichen Gärten führen, die Königstochter aber streichelte den Kater, und das gefiel diesem so sehr, daß er schnurrte und den Schwanz kerzengerade in die Luft streckte.

Zum drittenmal schlich der Kater auf leisen Pfoten in den Wald. Diesmal sprang er einem braunen Bären auf den Kopf und hielt sich mit den Krallen zwischen den Ohren fest. „Wenn du nicht gehst, wohin ich will", sagte Kater Graufell, „kratze ich dir die Augen aus."

Da bekam der Bär Angst. Kater Graufell ritt auf dem Bären ins Schloß. Alle kamen herbeigelaufen und wollten den Bären sehen. Der König ließ ihn sogleich in die königlichen Gärten führen, und die Königstochter streichelte den Kater.

Am andern Tag fuhr der König mit seiner Tochter in einer Kutsche durch das Land spazieren. Da lief Kater Graufell zu dem

Bauernjungen und sagte: „Wenn du die Königstochter heiraten willst, steig in den Fluß und bade!"

Der Bauernjunge wußte nicht, was er dazu sagen sollte, doch gehorchte er dem Kater, zog seine Kleider aus und sprang ins Wasser. Der Kater nahm die Kleider, trug sie fort und versteckte sie. Als der König dahergefahren kam, fing der Kater erbärmlich zu miauen an und rief: „Mein Herr hat im Fluß gebadet, und da ist ein Dieb gekommen und hat ihm die Kleider gestohlen. Jetzt steht mein Herr im kalten Wasser und kann nicht heraus und wird sich erkälten."

Der König ließ die Kutsche anhalten und sandte einen Diener ins Schloß um schöne Kleider, die zog der Bauernjunge an. Dann mußte er sich in die Kutsche neben den König und die Königstochter setzen. Kater Graufell aber rannte voraus, so schnell er konnte, und kam zu einer Wiese, auf der viele Schafe weideten. Kein einziger Schafhirt sang oder lachte, alle schauten traurig drein.

„Warum singt und lacht ihr nicht beim Schafhüten?" fragte Kater Graufell.

„Warum sollen wir singen und lachen", antworteten die Hirten. „Die Schafe gehören dem Drachen Gallebitter. Wenn man Gallebitters Schafe hüten muß, vergeht einem das Lachen."

„Ich werde euch helfen", sagte der Kater. „Der König wird gleich vorbeifahren, und wenn er euch fragt, wem die Schafe gehören, müßt ihr sagen, sie gehören dem Herrn, der Fuchs, Hirsch und Bär aufs Schloß geschickt hat."

Die Hirten versprachen es, und Kater Graufell lief weiter. Nicht lange danach kam er zu einer großen Wiese, auf der Pferde weideten, so viele, daß man sie nicht zählen konnte. Auch hier schauten alle Hirten traurig drein.

„Warum lacht und singt ihr nicht beim Pferdehüten?" fragte Kater Graufell.

„Warum sollen wir lachen und singen", antworteten die Hirten. „Die Pferde gehören dem Drachen Gallebitter. Wenn man Gallebitters Pferde hüten muß, vergeht einem das Lachen."

„Ich werde euch helfen", sagte der Kater. „Gleich wird der

König vorüberfahren, und wenn er euch fragt, wem die Pferde gehören, müßt ihr sagen, sie gehören dem Herrn, der Fuchs, Hirsch und Bär aufs Schloß geschickt hat."

Kater Graufell lief weiter und kam zu einem riesigen Kornfeld. Auch das Kornfeld gehörte dem Drachen Gallebitter, und die Schnitter sahen so traurig drein wie die Hirten. Wieder versprach der Kater zu helfen, wenn die Schnitter sagten, das Feld gehöre seinem Herrn.

Zuletzt kam der Kater zum Schloß des Drachen Gallebitter. Auf leisen Pfoten lief er die Treppe hinauf und rief: „Drache Gallebitter, mein Herr, der Bauernjunge, kommt! Er hat schon sieben Drachen erschlagen und hat sich's in den Kopf gesetzt, daß du der achte sein sollst!"

Als der Drache Gallebitter das hörte, erschrak er sehr. Er war ein schrecklicher Drache, er konnte Feuer spucken und Gift schnauben, und alle fürchteten ihn. Als er aber hörte, daß ein Drachentöter unterwegs war, da flog er davon, in einer Wolke aus Feuer und Rauch, und ward nie mehr gesehen.

Inzwischen fuhr die königliche Kutsche an der Schafweide vorüber. ,,Wem gehören die vielen Schafe?" fragte der König.

,,Dem Herrn, der Fuchs, Hirsch und Bär aufs Schloß geschickt hat", riefen die Hirten, wie der Kater ihnen aufgetragen hatte.

Danach fuhr die Kutsche an der Pferdeweide vorüber. ,,Wem gehören die vielen Pferde?" fragte der König.

,,Dem Herrn, der Fuchs, Hirsch und Bär ins Schloß gebracht hat", antworteten die Hirten.

Die Kutsche fuhr an dem Kornfeld vorüber. Wieder fragte der König, und wieder bekam er die gleiche Antwort. Da wunderte er sich mehr und mehr.

Endlich kam die Kutsche zum Schloß des Drachen Gallebitter. Oben auf der Treppe stand Kater Graufell und erwartete sie. Auf leisen Pfoten sprang er die Treppe herab und sagte: ,,Willkommen im Schloß meines Herrn, des Bauernjungen!"

Der König stieg aus und war voller Staunen über das Schloß. Der Bauernjunge aber führte die Königstochter hinauf in den Saal, der ganz von Gold und Edelsteinen flimmerte. Dort nahm er die Nuß aus der Tasche und reichte sie der Königstochter. ,,Ich habe dir nichts anderes zu schenken als diese Nuß!" sagte er.

Die Königstochter hatte ihn trotz der prächtigen Kleider ihres Vaters erkannt, hatte aber in der Kutsche kein Wort davon gesagt. Als der junge Mann ihr die Nuß gab, wußte sie, daß sie sich nicht getäuscht hatte. Und als ihr Vater und Kater Graufell kamen, nahm sie den Bauernjungen an der Hand und sagte, sie wolle ihn heiraten und sonst keinen anderen.

Dem König war es recht. Bald wurde die Hochzeit gefeiert. Kater Graufell saß auf dem Ehrenplatz neben der Königstochter, und sie streichelte ihn, daß er schnurrte.

Das Nußfräulein

Es waren einmal zwei Schwestern, die eine war schön wie der lichte Tag, die andere aber war gar nicht hübsch. Weil Vater und Mutter gestorben waren, machten sie sich auf, um in der Welt ihr Glück zu suchen. Die schöne Schwester hieß Anne und die andere Katrin. Wenn Anne müde war vom Wandern, nahm Katrin sie an der Hand. Wenn sie nichts zu essen hatten und Anne vor Hunger weinte, tröstete Katrin die Schwester.

Eines Tages kamen sie zu einem Königsschloß. Dort lebte ein König, der zwei Söhne hatte. Ein Jahr zuvor war der ältere Prinz von einer Krankheit befallen worden, die kein Arzt heilen konnte. Niemand wollte nachts bei dem kranken Prinzen wachen, denn alle, die es jemals getan hatten, waren am Morgen danach verschwunden.

Als Katrin das hörte, war sie sofort bereit, die nächste Nacht bei dem Prinzen zu wachen. Sobald es dunkelte, setzte sie sich mit einer brennenden Kerze an sein Bett. Das Kerzenlicht fiel auf das bleiche Gesicht des Prinzen. Katrin sah ihn an, und er gefiel ihr.

Um Mitternacht öffnete der Prinz die Augen, stand wie im Traum auf und kleidete sich an. Dann schritt er die Treppe hinunter, Katrin folgte ihm, und der Prinz merkte nichts davon. Er ging in den Stall, sattelte sein Pferd und sprang in den Sattel. Katrin schwang sich hinter ihm hinauf, und wieder merkte er es nicht.

Der Prinz ritt durch einen Wald, in dem viele wilde Nußbäume wuchsen. Als das Pferd unter den Bäumen dahintrabte, pflückte Katrin Nüsse von den Zweigen und füllte ihre Schürze damit. Vor einem grünen Hügel hielt der Prinz endlich sein Pferd an und sagte:

"Öffne dich, du grüner Hügel,
laß das Pferd mit Zaum und Zügel
und den jungen Prinzen ein!"

Und Katrin murmelte:

"Laß auch Katrin hinterdrein!"

Kaum hatten sie diese Worte gesprochen, öffnete sich der Hügel, und Katrin und der Prinz ritten hinein. Sie kamen in eine große Halle. Unzählige Kerzen brannten darin, und die Wände glitzerten von Gold und Silber und Edelsteinen. Viele schöne Feen waren da, gekleidet in Mondlicht, Sternenschimmer und Sonnenstrahlen. Sie umringten den Prinzen und führten ihn zum Tanz. Katrin verbarg sich hinter der Tür. Von dort konnte sie sehen, wie der Prinz tanzte und tanzte und immerzu weiter tanzen mußte, bis er erschöpft niedersank.

Im gleichen Augenblick war alles verschwunden: der prächtige Saal und die schönen Feen. Katrin und der Prinz standen neben dem Pferd vor dem grünen Hügel. Der Prinz stieg in den Sattel, Katrin sprang hinter ihm aufs Pferd, und sie ritten heim. Als die Sonne aufging, kam der König ins Krankenzimmer. Da schlief der Prinz, und neben dem Bett saß Katrin und knackte die Nüsse, die sie in dem wilden Nußbaumwald gepflückt hatte.

In der zweiten Nacht erhob sich der Prinz bei Glockenschlag zwölf und ritt fort. Katrin folgte ihm, und wieder pflückte sie Nüsse wie die Nacht zuvor. Wieder stand sie hinter der Tür verborgen, aber diesmal gab sie nicht auf den Prinzen acht, sie wußte ja schon, daß er wieder tanzen würde, bis er umfiel. Statt dessen beobachtete sie die Feen. Es dauerte nicht lang, da sah sie ein Feenkind, das mit einem silbernen Zauberstab spielte. Und dann hörte Katrin, wie eine der Feen zu einer anderen sagte:

„Drei Schläge mit dem Zauberstab,
dann wäre der Prinz genesen!
So aber tanzt er in sein Grab,
und niemand kann ihn erlösen!"

Katrin rollte dem Feenkind eine Nuß hin und eine zweite und eine dritte Nuß und noch eine und noch eine, bis die kleine Fee, die hinter den Nüssen hertapste, den Zauberstab fallenließ. Katrin ergriff den Stab und verbarg sich wieder hinter der Tür.

Als der Feenball zu Ende war, ritten Katrin und der Prinz nach Hause. Der Prinz legte sich zu Bett und lag da wie tot. Da zog Katrin den Feenzauberstab aus der Schürze und gab dem Prinzen damit einen leichten Schlag. Der Prinz begann zu blinzeln. Katrin gab ihm einen zweiten Schlag, und der Prinz sah sie an und fragte: „Wer bist du?" Da schlug ihn Katrin zum drittenmal, und der Prinz stand auf und war gesund.

„Was hast du in deiner Schürze?" fragte er.

„Nüsse aus dem wilden Nußwald", antwortete Katrin.

„Aus dem wilden Nußwald?" fragte der Prinz.

„Aus dem wilden Nußwald vor dem grünen Hügel", antwortete Katrin.

„Vor welchem grünen Hügel?" fragte der Prinz weiter.

„Ach, vor irgendeinem!" antwortete Katrin.

„Ich will auch Nüsse knacken", sagte der Prinz.

Sie setzten sich zusammen hin und knackten Nüsse. Am Morgen, als der König kam, fand er Katrin und seinen Sohn, wie sie eben die letzte Nuß miteinander teilten.

Aus Freude, daß sein Sohn wieder gesund geworden war, ließ der König ein großes Fest feiern und lud Katrin und ihre Schwester Anne dazu ein.

Den ganzen Abend tanzte Katrin mit ihrem Prinzen, und Anne tanzte mit dem zweiten Prinzen. Bald darauf war Hochzeit.

Katrin heiratete den einen Prinzen, und Anne heiratete den anderen, und sie lebten alle glücklich und zufrieden.

Wer bekommt die Braut?

Es war einmal ein Vater, der hatte drei kluge Söhne. Als sie herangewachsen waren, schickte er sie zur Schule.

Der erste wurde Arzt, der zweite Flugzeugführer und der dritte Telephonist.

In dem Dorf, in dem der Vater wohnte, lebte ein schönes Mädchen. So schön war es, daß ihm die Eltern nicht erlaubten, einen gewöhnlichen Burschen zu heiraten.

Bevor aber ein sehr reicher Mann kommen konnte, wurde das schöne Mädchen sterbenskrank. Da weinten die Eltern und sagten: „Wenn nur jemand käme und es gesund machte! Wir würden ihm gern unser schönes Mädchen zur Frau geben. Es muß ja kein sehr reicher Mann sein! Ach, wenn es nur erst gesund wäre!"

Wie der Vater das hörte, telephonierte er seinem Sohn, dem Telephonisten, und sagte: „Ruf deinen Bruder, den Arzt an! Im Dorf ist ein wunderschönes Mädchen sterbenskrank geworden. Sag deinem Bruder, er soll kommen, sonst stirbt das Mädchen."

Der Telephonist rief seinen Bruder, den Arzt, an. Der Arzt aber wohnte weit weg in einer fernen Stadt.

„Ich komme!" sagte er. „Ruf bitte unseren Bruder an, den Flugzeugführer, damit er mich sofort mit einem Hubschrauber abholt. Ich steige aufs Dach, da kann er landen und mich gleich mitnehmen."

So geschah es auch. Der Telephonist rief den Flugzeugführer an. Der Flugzeugführer flog mit dem Hubschrauber zu dem Arzt aufs Dach und holte ihn. Dann flog er mit dem Arzt zu dem kranken Mädchen ins Dorf, und der Arzt machte es gesund.

„Wem sollen wir jetzt unsere Tochter zur Frau geben?" fragten die Eltern.

„Mir!" rief der Telephonist. „Wenn ich den Arzt nicht angerufen hätte, wäre er nicht gekommen!"

„Ich werde sie heiraten!" sagte der Arzt. „Anrufen allein hilft nicht! Ich habe das Mädchen gesund gemacht, es gehört mir!"

„So?" rief der Flugzeugführer. „Wäre ich nicht mit dem Hubschrauber auf deinem Dach gelandet und hätte dich hergeflogen, dann wärst du zu spät gekommen, und das Mädchen wäre vielleicht schon tot gewesen. Ich will sie heiraten!"

„Liebe Söhne", sagte der Vater, „ihr habt alle sehr brav gehandelt, aber ohne mich hättet ihr gar nicht gewußt, daß das Mädchen sterbenskrank ist. Also gehört das Mädchen mir!"

Da sagte das Mädchen: „Ich danke euch allen vielmals, ihr wart sehr gut zu mir! Aber ich heirate den Flugzeugführer!"

„Warum?" fragten da der Vater und der Telephonist und der Arzt und der Flugzeugführer.

„Weil ich ihn liebhabe", sagte das Mädchen.

Da waren sie es alle zufrieden.

Verkehrte Welt

Ein Nilpferd flog auf den Feigenbaum
und wollte Feigen pflücken.
Da kam eine Schwalbe getrampelt daher,
die mühte sich sehr und schleppte schwer
ein Leiterlein auf dem Rücken.
Sie lehnte die Leiter an den Baum
und stieg hinauf, du glaubst es kaum!
Die Schwalbe hat alle Feigen genommen,
dann ist sie den Nil hinuntergeschwommen.
Das dicke Nilpferd, ungelogen,
ist zwitschernd in den Himmel geflogen.

Der vertauschte Wanderer

Ein Wanderer kam abends zu einer Mühle und bat den Müller um Nachtquartier. Der Müller lud ihn freundlich ein, bewirtete ihn und führte ihn dann in eine Kammer, in der ein Bett stand. „Weck mich morgen ganz früh", bat der Wanderer den Müller. Der Müller versprach es, und der Wanderer schlief bald ein.

Der Müller aber war ein Mensch, der sich gern einen Spaß machte. Sobald der Wanderer schlief, zog der Müller ihm die Mütze ab und setzte ihm seine Müllermütze auf. Dann legte der Müller sich schlafen.

Früh am Morgen weckte er den Wanderer, und der stand auf und ging fort, noch ganz verschlafen. Als er auf der Brücke über dem Mühlbach war, sah er sein Spiegelbild im Wasser. Und da sah er, daß der Mann im Spiegelbild des Müllers Mütze auf dem Kopf trug.

Ich habe den Müller gebeten, daß er mich aufwecken soll, dachte der Wanderer. Und nun hat der Dummkopf sich selber aufgeweckt. Er lief zurück zur Mühle und rief: „Warum hast du dich selber aufgeweckt? Warum hast du nicht mich geweckt? Ich habe dich so darum gebeten!"

„Sei nicht böse", antwortete der Müller, nahm dem anderen die Müllermütze vom Kopf und setzte ihm die Wandermütze auf. „Na, bist du's jetzt wieder?"

Der Wanderer lief hinaus, beguckte sich im Mühlbach und sagte: „Ja, jetzt bin ich's wieder! Danke schön!"

Und fröhlich wanderte er fort.

Die Wette

Ein Fuchs und eine Ente wetteten miteinander, wer als erster den Tag verkünden würde.

Am Abend legte die Ente sich nieder, steckte den Kopf unter einen Flügel und schlief ein.

Der Fuchs blieb wach.

Er wachte die ganze Nacht hindurch.

Das war schwierig, denn er wurde furchtbar müde. Einmal fiel ihm das eine Auge zu, dann das andere.

Der Mond ging auf. Die Sterne fingen an zu leuchten. Der Fuchs zählte die Sterne, aber er verzählte sich immer, kam nur bis zehn und mußte von vorne anfangen.

Der Fuchs bellte den Mond an. Er hüpfte auf einem Bein. Er schlug Purzelbäume. Er wackelte mit dem Schwanz. Er kratzte sich hinter den Ohren. Alles tat er, um wach zu bleiben, denn er wollte die Wette gewinnen.

Endlich verblaßten die Sterne. Am Himmel leuchtete es wie Gold. Die Sonne ging auf. „Ente, Ente!" schrie der Fuchs. „Ich habe die Wette gewonnen!"

Die Ente erwachte, steckte den Kopf hervor und schnatterte: „Der Tag ist da!"

So hat die Ente die Wette gewonnen.

Platsch, das Ungeheuer

Zwei durstige Hasen kamen zu einem Teich. Am Ufer stand ein Apfelbaum voll reifer Äpfel. Als die Hasen trinken wollten, fiel ein großer reifer Apfel – platsch! – ins Wasser.

Die Hasen hörten das Platsch und liefen erschrocken davon. Ein Fuchs sah sie laufen. „Warum lauft ihr so schnell?" fragte er.

„Der Platsch kommt!" riefen die Hasen.

Der Fuchs hatte noch nie von einem Platsch gehört. „Wer weiß, was ein Platsch ist!", sagte er zu sich. „Ich laufe lieber auch weg!" Und der Fuchs lief davon, so schnell er nur konnte.

Ein Affe sah den Fuchs laufen und wunderte sich. „Warum läufst du so schnell, Fuchs?" fragte der Affe.

„Der Platsch kommt!" keuchte der Fuchs.

Der Affe hatte noch nie von einem Platsch gehört. Wenn der Fuchs vor ihm davonläuft, dachte er, ist es bestimmt ein schreckliches Ungeheuer. Auch der Affe lief davon, so schnell er konnte.

Ein Hund sah den Affen laufen. „Warum läufst du so schnell, Affe?" fragte der Hund.

„Der Platsch kommt!" rief der Affe.

„Wer ist denn Platsch?" fragte der Hund.

„Ein schreckliches Untier!" rief der Affe und rannte weiter.

Da fürchtete sich auch der Hund und lief davon, so schnell er nur konnte.

Der Hund traf ein Schwein, und auch das Schwein lief davon.

Das Schwein erzählte es dem Bären.

Da lief auch der Bär.

Der Bär erzählte es dem Tiger.

Und sogar der Tiger lief!

Ein Löwe mit seiner langen Mähne sah die Tiere laufen. „Warum lauft ihr alle davon?" fragte er.

„Ein schreckliches Untier kommt!" rief der Tiger. „Es heißt Platsch!"

„Wer ist denn das?" fragte der Löwe.

„Weiß ich nicht", antwortete der Tiger. „Der Bär hat mich gewarnt."

Der Löwe fragte den Bären.

„Weiß ich nicht", brummte der Bär. „Das Schwein hat mich gewarnt."

Der Löwe fragte das Schwein.

Der Löwe fragte den Hund.

Der Löwe fragte den Affen.

Der Löwe fragte den Fuchs.

Keiner wußte, wer Platsch war.

Der Löwe fragte die Hasen.

„Der Platsch?" sagten sie und wackelten mit den Ohren. „Wie sollen wir wissen, wer das ist! Aber wir haben ihn gehört, am Teich, als wir trinken wollten."

Der Löwe schüttelte die Mähne und knurrte: „Niemand weiß, wer Platsch ist! Ich gehe hin und schau ihn mir an!"

Und der Löwe ging zum Teich.

Hinterdrein schlich der Tiger.

Hinter dem Tiger schlich der Bär.

Hinter dem Bären schlich das Schwein.
Hinter dem Schwein schlich der Hund.
Hinter dem Hund schlich der Affe.
Hinter dem Affen schlich der Fuchs.
Ganz hinten hoppelten die Hasen.
Der Löwe kam zum Teich. Da fiel – platsch! – ein großer reifer Apfel ins Wasser.

„Aha!" sagte der Löwe, legte sich in den Schatten des Baumes und schlief ein.

Der kluge Esel

Auf einer Wiese stand ein Esel und rupfte Gras und Kräuter. Da kamen ein Fuchs und ein Wolf daher und redeten miteinander.

„Der Esel ist schön fett und rund", sagte der eine zum anderen. „Das wär ein Fressen!" Und das Wasser lief ihnen im Maul zusammen.

„Ich weiß etwas!" sagte der Fuchs.

„Was weißt du denn?" fragte der Wolf.

„Wir werden uns ein Boot kaufen und es mit Oliven beladen. Dann sagen wir dem Esel, er soll als Bootsmann mitkommen. Und wenn wir weit draußen auf dem Meer sind, fressen wir ihn auf."

„Sehr gescheit!" sagte der Wolf.

„Geh das Boot und die Oliven kaufen, ich werde inzwischen mit dem Esel reden", sagte der Fuchs.

Der Wolf lief und kaufte ein Boot und Oliven. Der Fuchs holte den Esel, und sie gingen alle zum Strand und stiegen in das Boot.

Als sie mitten auf dem Meer waren, sagte der Fuchs: „So eine Reise übers Meer in einem kleinen Boot kann gefährlich werden. Wer weiß, ob wir lebendig ankommen. Es wird gut sein, wenn wir alle vorher beichten."

„Sehr gescheit", sagte der Wolf. „Du sollst als erster beichten, lieber Fuchs. Was für Sünden hast du begangen?"

„Ein paar Hühner und Gänse habe ich gestohlen und Kaninchen und so."

„Das ist keine Sünde", sagte der Wolf. „Man muß ja von etwas leben. Jetzt will ich beichten."

„Was hast du für Sünden begangen, lieber Wolf?" fragte der Fuchs.

„Ich habe ein paar Schafe gefressen und Ziegen auch. Und ein paar Kälber dazu."

„Das ist keine Sünde", sagte der Fuchs. „Man muß von etwas leben. Aber jetzt kommt der Esel dran. Los, Esel, beichte! Was für Sünden hast du begangen?"

„Einmal war ich ganz hoch mit lauter Salat bepackt", antwortete der Esel. „Da drehte ich mich und rupfte ein Salatblatt ab. Es hat wunderbar geschmeckt!"

„Was?" schrien der Wolf und der Fuchs. „Salat ohne Essig und Öl hast du gefressen? Salat ohne Essig und Öl? Das ist eine schwere Sünde!

Salat ohne Essig und Öl!
Gnade Gott deiner armen Seel'!
Du hast Salat ohne Essig und Öl gegessen,
dafür wirst du jetzt aufgefressen!"

„Ach, muß das sein?" fragte der Esel. „Erfüllt mir wenigstens vor meinem Tod eine letzte Bitte. Mein Vater hat mir, kurz bevor er gestorben ist, in meinen rechten Hinterhuf eine wichtige Nachricht geritzt. Ich bin so dumm und kann nicht lesen. Lieber Wolf, du bist klug – lies mir vor, was auf meinem rechten Hinterhuf steht!"

„Diese Bitte kannst du ihm erfüllen", sagte der Fuchs.

Der Esel hob sein Hinterbein, und der Wolf beugte sich vor und wollte lesen, was auf dem Huf geschrieben stand.

Da bekam er einen Tritt, daß er ins Meer flog. Vor Schreck sprang ihm der Fuchs nach, und die beiden mußten lange schwimmen, bis sie wieder ans Ufer kamen.

Der Esel aber fuhr in dem Boot allein weiter und verspeiste vergnügt eine Olive nach der anderen.

Der freundliche Weinstock

Es war einmal ein Mann, der ging mit seiner Frau und seiner Tochter in den Weinberg. Dort sagte der Mann: „Jetzt wollen wir schnell Weintrauben essen und rasch wieder heimgehen." Und schon fing er an, sich eine Weintraube nach der anderen in den Mund zu stopfen. Als sein Bauch voller Weintrauben war und er keine einzige mehr hinunterbrachte, rief er: „Schnell! Schnell! Wir wollen heimgehen!"

Die beiden Frauen hatten aber einen schönen Weinstock mit glänzenden grünen Blättern und schimmernden blauen Trauben gefunden. Und der Weinstock sagte: „Wenn ihr meine Trauben eßt, dann denkt daran, wieviel Sonne hat scheinen und wieviel Regen hat fallen müssen, bis aus den kleinen Weintraubenblüten die großen süßen Weinbeeren geworden sind."

Da aßen Mutter und Tochter die Weintrauben ganz langsam, und sie schmeckten ihnen besonders gut.

„Schnell, schnell! Nach Hause!" rief der Mann.

„Nein", antworteten Mutter und Tochter, „wir wollen Weintrauben essen. Wir haben eben erst angefangen."

Der Mann ging allein nach Hause und sagte zu seinem Hund: „Lauf in den Weingarten, und beiß meine Frau und meine Tochter!"

„Ich will deine Frau und deine Tochter nicht beißen", antwortete der Hund.

Der Mann nahm einen dicken Stock und wollte den Hund schlagen. Da sagte der Stock: „Ich will den Hund nicht schlagen!"

Der Mann wurde zornig und warf den Stock ins Feuer. Das Feuer aber verbrannte den Stock nicht. Es sagte: „Ich will den Stock nicht verbrennen."

Der Mann lief zum Wasser. „Lösch das Feuer aus!" schrie er.

Aber das Wasser sagte: „Ich will das Feuer nicht auslöschen!"

Der Mann holte seinen Ochsen und befahl ihm: „Trink das Wasser!"

Aber der Ochse sagte: „Ich will das Wasser nicht trinken."

Der Mann nahm Stricke und wollte den Ochsen vor einen

schweren Wagen spannen. Aber die Stricke sprachen: „Das tun wir nicht!"

„Maus, komm!" schrie der Mann. „Zernag die Stricke!"

„Ich will die Stricke nicht zernagen!" sagte die Maus.

Der Mann sagte zur Katze: „Friß die Maus!"

Die Katze blinzelte.

Da schrie die Maus: „Friß mich nicht! Ich will die Stricke zernagen!"

Da wollten die Stricke den Ochsen vor den Wagen spannen.

Da wollte der Ochse das Wasser trinken. Da wollte das Wasser das Feuer löschen. Da wollte das Feuer den Stock verbrennen. Da wollte der Stock den Hund schlagen.

Da schrie der Hund: „Schlag mich nicht! Ich will die Frau und die Tochter beißen!", und er rannte in den Weinberg.

Mutter und Tochter saßen unter dem Weinstock. Sie sahen den Hund kommen und hörten ihn bellen: „Wartet nur, jetzt beiß ich euch!"

„Was sagst du dazu?" fragte die Mutter die Tochter.

„Was sagst du dazu?" fragte die Tochter den Weinstock.

„Haltet euch an mir fest!" antwortete der Weinstock.

Mutter und Tochter hielten sich am Weinstock fest, und er fing an sich zu strecken und zu wachsen. Als der Hund herangekeucht kam, saßen Mutter und Tochter hoch oben auf dem Weinstock. Da kam eine Wolke voll Regen und Sonnenschein. Mutter und Tochter kletterten auf die Wolke. Der Weinstock mit den schönen blauen Trauben zog seine Wurzeln aus dem Erdreich, und Mutter und Tochter zogen ihn zu sich hinauf auf die Wolke.

Dann flogen sie auf der Wolke fort und kamen nie wieder.

Die glückliche alte Frau

Es war einmal eine alte Frau, die lebte in einem winzigen Häuschen. Als sie an einem Sommerabend spazierenging, sah sie am Wegrand einen großen schwarzen Topf. „Wer hat den bloß hier liegenlassen?" sagte sie. „Vielleicht hat er ein Loch und taugt zu nichts mehr. Aber für mich ist er noch immer gut genug. Ich kann eine Blume hineintun und ihn ans Fenster stellen." Sie bückte sich mühsam und hob den Deckel vom Topf.

„Du meine Güte!" schrie sie. „Da sind ja Goldstücke drin!"

Eine Weile stand sie, staunte das goldene Gold an und wunderte sich über ihr großes Glück. Dann nahm sie ihre Schürze, knüpfte die Schürzenbänder um den Topf und schlurfte nach Hause. Was werde ich nur mit dem Gold tun? dachte sie. Ich sollte mir vielleicht um das viele Gold ein Schloß kaufen. Als sie müde wurde, blieb die alte Frau stehen, um sich ein wenig auszuruhen und ihren Schatz zu betrachten, aber da hatte das Gold sich in einen großen Brocken Silber verwandelt.

„Was seh ich!" rief sie. „Silber statt Gold, das ist ja wunderbar. Gold wird so leicht gestohlen."

Sie machte sich wieder auf den Weg und lachte vor Freude. Nach einer Weile blieb sie wieder stehen und guckte nach ihrem Silberbrocken. Da war das Silber zu Eisen geworden. „Das ist ja herrlich!" rief sie. „Eisen kann man viel leichter verkaufen als Silber und kriegt einen Haufen Geld dafür."

Wieder ging sie weiter und brummelte ein Liedchen vor sich hin. Nach einer Weile schaute sie zurück, ob der Klumpen Eisen noch da wäre.

Aber da war aus dem Eisenklumpen ein großer Stein geworden! „So ein Glück!" schrie sie. „Seit einer Ewigkeit wünsch ich mir einen Stein, der mir die Haustür offen hält, damit sie nicht immer zufällt. Jetzt habe ich einen. Gerade richtig groß ist er."

Vor lauter Freude begann die alte Frau zu laufen. Sie wollte recht bald sehen, wie hübsch der Stein sich an der Tür ausnahm. Als sie bei ihrem Häuschen angekommen war, klinkte sie gleich die Tür auf. Dann bückte sie sich und wollte ihr Halstuch von dem Stein losknüpfen. Kaum aber berührte sie ihn, tat der Stein einen Hopser und kicherte, und plötzlich war kein Stein mehr da, aber ein kleiner Elfenkobold war da, und der schlug vor Vergnügen einen Purzelbaum nach dem anderen. Niedlich war er anzusehen, in seinem Gewand aus Spinnweb und mit seinen Libellenflügeln.

Und wie er lachte! Er lachte und lachte, und dann flog er davon.

Die alte Frau schaute ihm nach, bis er nicht mehr zu sehen war.

Endlich sagte sie: „Bin ich nicht der glücklichste Mensch weit und breit? Wer hat denn sonst das Glück, daß ihm ein Elfenkobold die Zeit vertreibt? War das ein lustiger Abend!"

Sie ging in ihre Hütte, setzte sich in ihren Schaukelstuhl und schaukelte. Gegen Mitternacht schlummerte sie ein. Als sie am Morgen erwachte, standen die Fenster voller Blumen. Und sie blühten nicht nur im Sommer, sie blühten das ganze Jahr und alle Jahre, solange die alte Frau lebte.

Auch der Elfenkobold hatte einen lustigen Abend gehabt, und das war sein Dank.

Der goldene Regen

Irgendwo auf dem Land stand ein kleines Haus, das hatte ein Loch im Dach. In dem Haus wohnte ein alter Mann.

Wenn der alte Mann sich schlafen legte, konnte er durch das Loch in den Himmel sehen.

Bei schönem Wetter sah er die Sterne. Manchmal fiel Mondlicht durch das Loch. Wenn es aber regnete, dann wurde der alte Mann naß.

Einmal regnete es wochenlang. Die ganze kleine Stube war feucht, und die Schlafdecken waren naß. Der alte Mann hockte auf dem Herd. Dort war die einzige Stelle, wo er noch warm und trocken sitzen konnte.

Er war traurig. Hört es denn nie zu regnen auf? dachte er.

Er warf einen Blick durch das Loch auf den Himmel – und siehe da: der Himmel war heller. Da kletterte der alte Mann vom Herd herunter und trat vor die Tür seiner Hütte. Er sah, wie die Regenwolken eilig davonzogen. Er sah den Wind hinter ihnen herrennen mit fliegenden Haaren. Eine große graue Schleppe aus Wolkenfetzen wehte hinter ihm drein und wischte den Himmel blank.

Der alte Mann ging in die Hütte, holte die regennassen Schlafdecken und hänge sie über den großen Wäschestrick im Garten.

Abends waren die Schlafdecken trocken. Der alte Mann trug sie ins Haus zurück. „Heute nacht kann ich endlich wieder einmal in meinem Bett schlafen", sagte er vergnügt. „Und gleich morgen früh geh' ich auf den Markt und kauf' mir einen großen Topf. Wenn es wieder einmal regnet, stelle ich den Topf unter das Loch und fange darin das Regenwasser auf."

Der alte Mann legte sich schlafen, und durch das Loch im Dach schienen freundliche Sterne auf ihn herunter.

In der Nacht träumte der alte Mann von unzähligen Goldstücken, die wie Regen durch das Loch in seine Stube prasselten.

Als er am Morgen erwachte, lagen keine Goldstücke im

Zimmer, aber die Sonne schien herein. Da vergaß der alte Mann, daß er einen Topf hatte kaufen wollen, um den Regen darin aufzufangen. Er ging in den Garten, und dort sah er, daß der Regen die Wurzeln eines jungen Baumes unterwaschen hatte.

Der alte Mann schaufelte Erde auf die nackten Baumwurzeln. Die Erde nahm er aus seinem Rübenbeet. Auf einmal stieß seine Schaufel gegen etwas Hartes, er grub weiter und fand einen Topf voller Goldstücke.

Das Gold könnte ich brauchen, dachte der alte Mann. Aber es gehört nicht mir. Das Gold in meinem Traum kam durch das Loch im Dach geregnet. Dieser Topf voll Gold aber war in der Erde vergraben.

Der alte Mann schaufelte den Topf wieder zu, klopfte die Erde fest und ging ins Haus.

Das alles hatte sein Nachbar beobachtet. Kaum war der alte Mann in seiner Hütte verschwunden, kam der Nachbar geschlichen und grub den Topf aus.

Er sah das Gold im Topf funkeln und schimmern. Die Gier blendete ihn, und vor seinen Augen verwandelten sich die Goldstücke in schimmernde, zischelnde Schlangen.

Den Nachbarn packte ungeheurer Zorn. Er nahm den Schlangentopf an beiden Henkeln, lief damit zu der Hütte des Alten und kletterte auf das Dach. Er schaute durch das Loch in die Stube und sah dort den alten Mann sitzen und sein Frühstück essen.

„Gesegnete Mahlzeit!" schrie der Nachbar und schüttete den Topf voll Schlangen in die Stube hinunter.

Durch das Loch aber fielen keine Schlangen; ein Regen aus Goldstücken kam heruntergeprasselt.

„Das ist wie in meinem Traum!" rief der alte Mann. „Dieser goldene Regen ist für mich bestimmt, das weiß ich!"

Er klaubte die Goldstücke auf und freute sich sehr.

Dann schaute er nach oben. Das Loch im Dach war von dem Topf verdeckt. Auch gut, dachte er. Wenn der Topf das Loch zudeckt, ist es noch besser, als wenn er in der Stube steht und den Regen auffängt!

Und der alte Mann freute sich noch einmal sehr.

Vom Jungen, der die Sonne fing

Es waren drei Brüder im Indianerland. Der jüngste Bruder wollte mit den zwei älteren auf die Jagd gehen, aber die beiden Brüder erlaubten es ihm nicht.

Da lief der Junge allein fort und wollte wenigstens ein Kaninchen fangen. Er lief weit herum, aber nirgends sah er ein Kaninchen. Endlich war er müde und legte sich auf die Erde. Weil die Sonne heiß herunterbrannte, deckte er sich mit seinem Mantel zu.

Die Sonne aber schien so heiß, daß sie Löcher in den Mantel brannte, und ihre Strahlen stachen den Jungen in die Haut. Er sprang auf, schaute die Sonne an und rief: „Warum tust du mir weh? Warum hast du meinen Mantel verbrannt?"

Aber die Sonne antwortete nicht.

Der Junge nahm Pfeil und Bogen und seinen Mantel und lief heim ins Zelt. Dort verkroch er sich in einen Winkel und weinte.

Der Junge hatte eine Schwester, die kam zu ihm und fragte: „Warum weinst du, mein kleiner Bruder?"

„Meine Brüder nehmen mich nicht mit auf die Jagd", antwortete der Junge, „und die Sonne hat meinen Mantel verbrannt." Er versteckte sein Gesicht unter dem Mantel und war traurig. Wie er so dalag, schlief er ein.

Als der Junge erwachte, sagte er zu seiner Schwester: „Mir hat geträumt, was ich tun soll. Gib mir einen Faden!"

Da gab die Schwester ihm einen Faden aus einer Tiersehne.

„Nein", sagte der Junge. „Ich will einen anderen Faden!"

Sie gab ihm einen Faden aus Hanffaser.

„Nein", sagte der Junge. „Ich will einen Faden aus Haar!"

Da riß die Schwester sich ein Haar vom Kopf und gab es dem Bruder. Da nahm der Bruder das Haar zwischen die Finger und dehnte es, bis es ganz lang war. Dann lief er aus dem Zelt.

Er lief zu jener Stelle, wo die Sonne auf ihrem Weg vom Morgen bis Abend vorübergehen mußte. Dort legte der Junge eine Schlinge aus. Die Schlinge war aus dem Haar der Schwester gemacht.

Als die Sonne vorüberkam, fing sie sich in der Schlinge. Sie konnte nicht weiter, so sehr sie auch zappelte, und es wurde dunkel.

„Laß mich frei, sonst muß ich auslöschen!" bat die Sonne.

„Ich laß dich nicht frei", sagte der Junge.

„Wenn du mich freiläßt", sagte die Sonne, „werde ich dich stark machen, und du wirst viel Glück auf der Jagd haben!"

„Wie willst du mich denn stark machen?" fragte der Junge.

„Du darfst meinen Namen führen", rief die Sonne. „Aber laß mich nun schnell frei! Mir ist schon kalt!"

„Meine Brüder sollen meinen neuen Namen laut sagen", rief der Junge. „Sie müssen mich auch zur Jagd mitnehmen. Dann laß ich dich frei!"

Da rief die Sonne den beiden Brüdern zu: „Sprecht schnell seinen Namen aus, sonst muß ich auslöschen."

Da sagten die beiden großen Brüder: „Junge-der-die-Sonne-fing, so heißt du jetzt, kleiner Bruder. Junge-der-die-Sonne-fing, laß die Sonne frei! Du darfst auch immer mit uns zur Jagd gehen!"

Da ließ der Junge die Sonne frei.

Junge-der-die-Sonne-fing wurde ein großer Jäger. Das erste Stück Wild aber, das er erjagte, brachte er seiner Schwester.

Die Spur im Grasland

Ein Mann hatte zwei Söhne, Rafiki und Tambu. Alle drei wohnten sie in einer Hütte im Grasland.

Eines Tages rief der Vater seine beiden Söhne und sagte: „Meine Kinder, ihr seid nun alt genug, geht hinaus ins Grasland und seht euch in den Dörfern um. Hinterlaßt Zeichen auf eurem Weg und kommt in einigen Tagen wieder."

Tambu und Rafiki gehorchten dem Vater und gingen hinaus ins Grasland. Nach wenigen Schritten schon begann Tambu Zeichen auf seinem Weg zu machen. Er knüpfte einen Knoten in ein hohes Grasbüschel, und so war der ganze Weg, den er ging, voll von Zeichen. Rafiki, der jüngere, aber lief neben dem Bruder her, guckte sich um und tat nichts.

„Du knüpfst keine Knoten ins Gras, du knickst keine Zweige", sagte Tambu zu ihm.

„Warum soll ich das tun?" fragte Rafiki.

„Der Vater hat es befohlen", antwortete Tambu.

„Der Vater hat nicht befohlen, Knoten ins Gras zu knüpfen und Zweige zu knicken", sagte Rafiki und ging weiter.

Nach einiger Zeit kamen sie beide an ein Dorf.

Da saßen die Männer des Dorfes im großen Palaverhaus, wo sie sich versammeln, wenn sie miteinander plaudern wollen, und die Männer plauderten und aßen und tranken. Tambu ging herum und knüpfte Zeichen ins Gras und knickte Zweige. Rafiki aber lief sogleich zu den Männern, grüßte sie und erzählte ihnen, daß der Vater ihn und seinen Bruder Tambu ausgeschickt hatte, um sich im Grasland umzusehen. Den Männern gefiel der Junge. Sie luden ihn ein, bei ihnen zu sitzen und zu essen und zu trinken, und er durfte auch zuhören, was sie einander erzählten.

Als der Mond aufging und alle müde wurden, luden sie Rafiki in eine der Hütten zum Schlafen ein.

Tambu hatte viele Zeichen geknüpft und geknickt und war sehr müde, und so kam es ihm gar nicht in den Sinn, einen Menschen anzusprechen. Müde hockte er sich an eine Hüttenwand und schlief ein.

Als er am Morgen erwachte, stand Rafiki neben ihm, gab ihm zu essen und sagte: „Das haben mir die Dorfleute für dich gegeben, damit du nicht hungern mußt. Iß und komm weiter, wir wollen uns noch ein paar Dörfer ansehen."

Tambu dankte Rafiki und aß und ging mit ihm weiter. Und wie tags zuvor machte er Zeichen auf dem Weg, knüpfte Gras und knickte Zweige, und Rafiki lief neben ihm her, guckte sich um und tat nichts.

Sie kamen wieder zu einem Dorf. Rafiki ging zu einem Jungen hin, der bei der ersten Hütte saß, und fing an, mit ihm zu reden: über dies und das, über das Dorf und über den Vater zu Hause. Der Junge führte Rafiki in die Hütte seiner Eltern. Die Eltern freuten sich über den Besuch und fragten Rafiki aus, was es Neues gäbe. Da erzählte Rafiki, er hätte eine Regenwolke gesehen, und von den Tieren erzählte er, denen er im Grasland begegnet war. Er erzählte auch von seinem Vater und von seinem Bruder.

„Wo ist denn dein Bruder?" fragten sie ihn.

„Irgendwo da herum, er knüpft Grasbüschel", sagte Rafiki.

„Warum tut er das?" fragten die Leute.

„Er nennt es Zeichen auf dem Weg machen", erklärte Rafiki.

Die Leute im Dorf gaben Rafiki zu essen und zu trinken, und er schlief in der Hütte der Eltern des Jungen, dem er zuerst begegnet war. Als Rafiki am nächsten Morgen weiterzog, winkten ihm alle nach und riefen: „Grüß deinen Vater, Rafiki, und komm bald wieder!"

Tambu knüpfte und knickte auch an diesem Tag Grasbüschel und Zweige als Zeichen auf dem Weg.

Rafiki lief wieder neben ihm dahin und tat nichts.

Es war sehr heiß. Wieder kamen sie an ein Dorf.

Da stand ein Mädchen mit einem Wasserkrug und rief den beiden Jungen zu:

„Kommt her und trinkt, es ist heiß!"

Rafiki kam gelaufen und trank und lachte zum Dank. Tambu aber hörte das Mädchen nicht rufen, weil er eben ein Grasbüschel knüpfte. Und als er endlich an den Dorfrand kam, da waren das Mädchen und Rafiki schon mitsammen ins Dorf zu den Leuten gegangen.

Tambu legte sich müde in den Schatten einer Hütte. Er redete mit niemandem und schlief bald vor Müdigkeit und Hunger ein.

Rafiki aber feierte an diesem Abend ein Fest mit, das in dem Dorf gegeben wurde. Alle aßen und tranken und tanzten und erzählten einander Geschichten. Rafiki saß neben dem Mädchen und erzählte von seinem Vater und dem Weg durch das Grasland.

Die Eltern des Mädchens sagten zueinander: „Das ist ein freundlicher, kluger Bursch, das wäre ein guter Mann für unser Mädchen!"

Am andern Morgen, als Rafiki weiterzog und sich auf den Heimweg machte, schenkten sie dem Jungen eine Ziege und baten ihn, bald wieder zu kommen.

Als Rafiki und Tambu heimkamen, stand der Vater vor der

Hütte und fragte: „Wie ist es euch ergangen?" Da gab Rafiki dem Vater die Ziege, und Tambu erzählte von seinen Grasbüscheln und geknickten Zweigen. „Ich habe Zeichen auf dem Weg gemacht, wie du befohlen hast", sagte er. „Wenn du hinausgehst, kannst du sie sehen."

„Ich werde mir auch Rafikis Zeichen ansehen", sagte der Vater.

„Rafiki hat keine Zeichen hinterlassen!" rief Tambu. „Er ist nur gelaufen und hat geguckt!"

„Wir werden gehen und sehen", antwortete der Vater. „Kommt mit!"

So gingen der Mann und seine beiden Söhne in das Grasland hinaus, und bei jedem Grasbüschelknopf und jedem geknickten Zweig schrie Tambu: „Schau, Vater, ein Zeichen! Ich habe auch dieses Zeichen am Weg hinterlassen! Und Rafiki hat gar nichts gemacht!"

Da lächelte der Vater und ging weiter, und die Söhne folgten ihm.

Der Vater fand viele Grasbüschel und geknickte Zweige. Als sie in das erste Dorf kamen, saßen die Männer im Palaverhaus und riefen: „Da kommt ja der Junge, der schon hier war! Und er hat seinen Vater mitgebracht! Herzlich willkommen!"

Rafiki und der Vater mußten sich zu den Männern setzen, und auch Tambu durfte diesmal dabeisein.

Am andern Tag gingen sie weiter, und auch im zweiten Dorf kannten alle Rafiki und hießen ihn und seinen Vater willkommen. Im dritten Dorf war es genauso. Das Mädchen mit dem Wasserkrug bot dem Vater zu trinken an und guckte nach Rafiki, und der guckte zurück und lachte. Die Eltern des Mädchens brieten eine Ziege und luden den Mann und seine Söhne zum Essen ein.

„Ich verstehe nicht, warum keiner mich kennt", sagte Tambu. „Alle sind zu Rafiki freundlich, und er hat nichts getan als geguckt – kein einziges Grasbüschelchen hat er geknüpft! Ich war dir gehorsam, Vater, ich habe auf dem Weg Zeichen hinterlassen, so viele ich konnte – aber Rafiki, der kein einziges Zeichen geknüpft hat, wird von allen gekannt und geehrt!"

Da sagte der Vater: „Es gibt auch noch andere Zeichen als Grasbüschel, mein Kind. Das sind die Zeichen, die ein Mensch in den Herzen anderer Menschen hinterläßt, wenn er zu ihnen geht und mit ihnen spricht und ihnen seine Freundschaft zeigt. Solche Zeichen hat Rafiki auf seinem Weg hinterlassen, und darum haben die Leute ihn wiedererkannt und freuen sich, wenn er kommt. Solche Zeichen in den Herzen der Menschen bleiben, wenn die Grasbüschelzeichen längst von Tieren gefressen oder vom Wind weggetragen sind."

Da sagte Tambu: „Ich will auch lernen, solche Zeichen auf meinem Weg zu hinterlassen wie Rafiki."

Der Prinz und das Affenkind

Ein König hatte sieben Söhne und liebte sie alle. Damit keiner auf den anderen eifersüchtig wurde, bekam jeder die gleichen Schuhe, die gleichen Höschen, die gleichen Röckchen. Sie hatten sieben Kätzchen zu Spielgefährten, alle weiß mit einem schwarzen Fleck zwischen den Ohren. Die sieben Pferde der Prinzen glichen einander aufs Haar.

Als die sieben Brüder zu jungen Männern herangewachsen waren, ließ der König für jeden ein Schloß bauen, davon sah eines aus wie das andere.

Nun muß ich sieben Bräute für meine sieben Söhne finden, dachte der König. Es wird doch sieben Mädchen im ganzen Land geben, die alle gleich schön und gleich gut und gleich klug sind.

Soviel aber der König auch suchte, er fand keine sieben Mädchen, wie er sie haben wollte. Eines war schön und klug, das andere klug, aber nicht schön, wieder eines war wunderschön, aber streitsüchtig.

Endlich ließ der König seine sieben Söhne zu sich rufen und sagte: „Ich finde keine sieben Mädchen, die alle gleich schön und gleich gut und gleich klug sind. Damit ihr aber nicht glaubt, daß ich einen von euch mehr liebe als die anderen, soll der Zufall entscheiden, welche Braut jeder bekommen wird."

Der König führte die sieben Prinzen in den Schloßgarten, und jeder Prinz mußte einen Pfeil abschießen. Wo ihre Pfeile niederfielen, sollten sie sich umsehen und das erste Mädchen, das ihnen begegnete, mit ins Schloß bringen. Sechs Brüder fanden eine Braut, und jeder sagte, daß er sich keine bessere hätte wünschen können.

Der Pfeil des siebenten und jüngsten Prinzen aber war weiter geflogen als die Pfeile der Brüder. Der Prinz suchte lange, und endlich fand er den Pfeil mitten im Urwald im Stamm eines dicken Baumes stecken. Auf einem Ast des Baumes saß ein Affenkind, Mädchen aber war keines zu sehen.

Der jüngste Prinz nahm das Affenkind und trug es ins Schloß. Als er dort erzählte, wie es ihm ergangen war, trösteten ihn seine

Brüder, so gut sie konnten. Der König aber sagte: „Lieber Sohn, du mußt noch einmal einen Pfeil abschießen!"

„Nein, Vater", antwortete der jüngste Prinz. „Wer weiß, wo dann der Pfeil niederfällt und was für ein Geschöpf ich finde. Mir ist wohl bestimmt, daß ich keine Braut haben soll."

Traurig ritt der Prinz mit dem Affenkind heim zu seinem Schloß. Dort setzte er sich in den Garten und weinte. Nach einer Weile zupfte ihn jemand am Ärmel. Es war das Affenkind, und es sah ihn an, als verstünde es seinen Kummer. Dann begann das Äffchen herumzuspringen und führte allerlei Kunststücke auf, bis der Prinz aufhörte zu weinen.

„Affenkind", sagte er, „du meinst es gut mit mir. Wir wollen Freunde sein!"

Von Tag zu Tag gewann der Prinz das Affenkind lieber. Immer, wenn er betrübt war, kam es zu ihm und heiterte ihn auf. Bald waren die beiden unzertrennlich.

Als die anderen Prinzen heirateten, gab jeder von ihnen ein großes Fest und lud Vater und Brüder ein. Nur der jüngste Prinz konnte kein Fest geben. Was hätte er denn feiern sollen, er hatte ja keine Braut.

„Sei nicht traurig", sagte das Affenkind. „Lade deinen Vater und deine Brüder ein! Morgen früh wirst du eine Braut finden."

Der Prinz wunderte sich, weil das Affenkind plötzlich wie ein Mensch redete: „Woher soll ich eine Braut nehmen, und wie kannst du wissen, daß ich eine finden werde?"

Er lud Vater und Brüder aber doch ein, obwohl er dachte: Das wird ein wunderliches Fest! Statt einer Braut wird ein Affenkind die Gastgeberin sein.

Als der Prinz am nächsten Morgen erwachte, staunte er. Sein Schloß war prächtig geschmückt, und im Saal stand eine Festtafel bereit. Der Prinz suchte das Affenkind, und weil er es im Schloß nicht fand, ging er in den Garten hinaus. Dort waren über Nacht alle Blumen aufgeblüht, und das Wasser der Brunnen und Quellen glitzerte wie Silber. Mitten unter den Blumen aber stand ein Mädchen, so schön, wie der Prinz noch keines gesehen hatte.

Wie er es stumm vor Bewunderung anblickte, sagte das Mädchen: „Ich bin die Tochter der Waldfee. Willst du mich zur Frau haben?"

Da fand der Prinz die Sprache wieder und sagte: „Ja, ich will dich zur Frau haben!"

Er nahm die Tochter der Waldfee an der Hand und wollte sie ins Schloß führen. Da aber fiel ihm das Affenkind ein, und er schaute suchend umher.

„Was hast du?" fragte die Tochter der Waldfee.

„Ich suche das Affenkind, das mein Spielgefährte ist", antwortete der Prinz. „Drinnen im Schloß ist es nicht, und auch hier ist es nicht. Ich weiß nicht, wo es hingekommen ist. Hoffentlich ist ihm nichts zugestoßen."

„Warum denkst du an ein Affenkind, wenn ich bei dir bin?" fragte die Feentochter.

„Als ich traurig war, hat es mich getröstet", sagte der Prinz. „Ich werde nicht so undankbar sein und es vergessen, wenn ich glücklich bin."

Da lächelte die Tochter der Waldfee und sagte: „Das Affenkind war ich. Als du den Pfeil im Baumstamm fandest, stand ich unsichtbar daneben. Ich sah dich, und du gefielst mir, aber ob ich dich heiraten will, habe ich noch nicht gewußt. Jetzt weiß ich es."

Als der König und die sechs Brüder zum Fest kamen und die schöne Braut des jüngsten Prinzen sahen, war die Freude groß.

Die Gänsehirtin am Brunnen

Es waren einmal ein König und eine Königin, die hatten drei Töchter. Die jüngste war so schön wie eine Apfelblüte. Wenn sie weinte, fielen nicht Tränen aus ihren Augen, sondern Perlen.

Einmal wollte der König von seinen drei Töchtern wissen, wie lieb sie ihn hätten.

„Ich habe dich so lieb wie den süßesten Zucker", sagte die erste.

„Ich habe dich so lieb wie mein schönstes Kleid", sagte die zweite Tochter.

Die Jüngste schwieg. Der König fragte: „Und du, mein Kind?"

„Ich kann meine Liebe zu dir mit nichts vergleichen", antwortete sie.

Aber der Vater ließ ihr keine Ruhe, und da sagte sie endlich: „Ich habe dich so lieb wie Salz!"

Als der König das hörte, wurde er sehr zornig und jagte seine jüngste Tochter in den wilden Wald hinaus.

Im Wald lebte ein steinaltes Mütterchen ganz allein mit einer Herde Gänse in einem kleinen Haus. Jeden Morgen sammelte sie Gras für ihre Gänse und pflückte wildes Obst. Weil sie hexen konnte, fürchteten sich die Leute und gingen ihr aus dem Weg.

Eines Morgens wanderte ein junger Mann durch den Wald und traf das alte Weib, wie es am Boden kniete und Gras schnitt. Das Tragtuch war schon voll Gras, und daneben standen zwei Körbe, mit wilden Birnen und Äpfeln gefüllt.

Der junge Mann hatte Mitleid mit dem alten Weib, er hob das Tragtuch auf seinen Rücken, und dann hängte sie ihm noch die beiden Körbe an den Arm. Das Tragtuch war schwer, als wären Steine drinnen, und an den Äpfeln und Birnen schleppte er, als wären sie aus Blei.

„Mütterchen", sagte er endlich, „ich kann nicht weiter, ich muß rasten."

„Nichts da!" antwortete die Alte.

Als der junge Mann schon glaubte, er müßte vor Müdigkeit umfallen, kamen sie endlich beim Haus der Alten an. Die Gänse schlugen zur Begrüßung mit den Flügeln und liefen ihnen schnatternd entgegen. Hinter den Gänsen her ging ein häßliches Mädchen.

Die alte Frau nahm dem jungen Mann das Tragtuch vom Rücken und die Körbe vom Arm. Sie sah ihn freundlich an und sprach: „Nun setz dich auf die Bank vor der Tür, und ruhe dich aus!"

Die Alte und das häßliche Mädchen gingen ins Haus, und der junge Mann setzte sich auf die Bank. Vor ihm breitete sich eine grüne Wiese voller Himmelschlüssel aus. Durch die Wiese plätscherte ein kleiner Bach. Die weißen Gänse watschelten über das Gras oder schwammen im Wasser. „Schön ist es hier", sagte der junge Mann, aber er war so müde, daß ihm die Augen zufielen.

Als er ein Weilchen geschlafen hatte, kam das alte Weib und rüttelte ihn wach. „Steh auf", sagte sie, „hier kannst du nicht bleiben. Und sei mir nicht böse, daß ich dir soviel Mühe gemacht habe. Hier hast du etwas zum Dank!" Sie steckte ihm eine kleine goldene Dose in die Hand und sagte: „Diese Dose wird dir Glück bringen. Geh in die Stadt, und gib sie der Königin!" Der junge Mann sprang auf und war wieder frisch und munter; er dankte der Alten und wanderte fort.

Drei Tage irrte er durch den Wald. Endlich kam er in die Stadt, ging in das königliche Schloß und gab der Königin die goldene Dose. Kaum aber hatte die Königin die Dose geöffnet, als sie bitterlich zu weinen begann. In der Dose lag eine Perle von der Art, wie sie ihre jüngste Tochter geweint hatte.

Der König aber sagte zu dem jungen Mann: „Unsere Tochter konnte solche Perlen weinen. Sie ist uns verlorengegangen, und wir suchen sie überall. Wie bist du zu dieser Perle gekommen?"

Der junge Mann erzählte sein Abenteuer, und noch am gleichen Tag führte er den König und die Königin in den Wald. Wieder verirrte er sich, und nachts, als der König und die Königin im Moos schliefen, machte er sich allein auf die Suche nach dem Haus der Alten. Wie der Mond aufging, stieg der junge Mann auf einen Baum und schaute umher. Unter dem Baum war ein Brunnen, und es dauerte nicht lange, da kam jemand darauf zu. Es war die häßliche Gänsehirtin.

Der Mond hing rund und groß über dem Wald, und alles war so hell wie am Tag, nur war das Licht bleicher und sanfter. Wie staunte der junge Mann, als das Mädchen plötzlich die häßliche Haut abstreifte und sich im Brunnen wusch. Das Mädchen schien ihm so schön, daß er kaum zu atmen wagte.

Das schöne Mädchen aber war traurig. Es setzte sich auf den Brunnenrand und weinte, und eine Träne nach der anderen rollte zu Boden. Nun konnte der junge Mann nicht anders, er beugte sich weit vor, um besser durch die Blätter zu sehen. Plötzlich knackte der Ast, auf dem er saß, und im selben Augenblick schlüpfte das Mädchen in die Haut und sprang davon und verschwand wie ein Licht, das der Wind ausbläst.

Als das Mädchen zum Hause zurückkam, stand vor der Tür die Alte, und als das Mädchen ihr erzählen wollte, was ihm begegnet war, lachte das Mütterchen freundlich und sagte: „Ich weiß schon alles!"

Die Alte führte das Mädchen in die Stube. „Denkst du nicht daran, daß du heute vor genau drei Jahren zu mir gekommen bist?" fragte sie. „Geh nun in dein Zimmer, schlüpf aus der häßlichen Haut und zieh das seidene Kleid an, das du getragen hast, als du zu mir kamst. Dann warte, bis ich dich rufe."

Inzwischen war der junge Mann vom Baum gestiegen und hatte

den König und die Königin aufgeweckt. „Das Mädchen am Brunnen muß unsere verlorene Tochter gewesen sein", sagten der König und die Königin. Sie gingen in die Richtung, in der das Mädchen verschwunden war, und nach einer Weile sahen sie in der Ferne ein Licht, gingen darauf zu und kamen zum Haus der Alten. Rund um das Haus saßen die Gänse, sie hatten die Köpfe unter die Flügel gesteckt und schliefen, und keine regte sich.

Der König und die Königin und der junge Mann blickten durchs Fenster hinein und sahen die Alte in der Stube sitzen. Die Königin klopfte leise ans Fenster. „Nur herein, ich warte schon auf euch!" rief die Alte.

Als sie in der Stube waren, sagte sie: „Den weiten Weg hättet Ihr Euch sparen können! Warum habt Ihr Euer Kind fortgejagt? Habt Ihr nicht gewußt, Herr König, daß ohne Salz keine Speise schmeckt?"

„Ich weiß längst, daß ich unrecht getan habe", antwortete der König. „Hätte ich meine Tochter nur wieder!"

Da ging die alte Frau zur Tür der Kammer und rief: „Komm heraus, mein Kind!" Die Tür ging auf, und die jüngste Königstochter trat heraus in ihrem seidenen Gewand und mit ihren goldenen Haaren und leuchtenden Augen. Sie ging auf ihren Vater und ihre Mutter zu und umarmte und küßte sie. Der junge Mann stand neben ihnen, und als sie ihn erblickte, wurde sie rot im Gesicht wie eine Rose, sie wußte selber nicht warum.

„Liebes Kind", sagte der König, „wenn wir heimkommen, will ich dir das allerschönste Geschenk geben!"

„Sie braucht nichts", sagte die Alte, „ich schenke ihr die Tränen, die sie um Euch geweint hat. Das sind die schönsten Perlen und mehr wert als Euer ganzes Königreich. Und weil sie mir drei Jahre lang die Gänse gehütet hat, gebe ich ihr mein Haus noch dazu."

Als die gute Hexe das gesagt hatte, verschwand sie vor aller Augen. Es knackste und krachte in den Wänden, und das kleine Haus verwandelte sich in ein prächtiges Schloß.

Die Königstochter heiratete den jungen Mann, und sie lebten glücklich allezeit.

Die Schöne und das Tier

Ein Kaufmann hatte drei Töchter, davon war die jüngste so schön, daß alle sie nur „die Schöne" nannten. Als der Kaufmann einmal in ein fremdes Land reisen mußte, fragte er seine Töchter: „Was soll ich euch mitbringen?"

„Ein goldenes Armband", sagte die erste.

„Eine Kette aus Perlen und Edelsteinen", sagte die zweite.

Die Jüngste aber sagte: „Bring mir eine Rose mit!"

Der Vater kaufte das goldene Armband und die Kette aus Perlen und Edelsteinen, aber die Rose vergaß er. Auf dem Heimweg ritt er durch einen tiefen Wald. Plötzlich erblickte er einen Rosenstrauch, auf dem eine einzige Rose leuchtete. Da fiel ihm der Wunsch seiner jüngsten Tochter ein, und er brach die Rose ab. Kaum aber hatte er sie gepflückt, als ein Untier aus dem Dickicht hervorkam.

„Warum hast du meine Rose abgebrochen?" rief das Untier. „Dafür mußt du sterben!"

„Ich wußte nicht, daß es deine Rose war", stammelte der Kaufmann. „Ich wollte sie meiner Tochter bringen."

„Wenn deine Tochter bereit ist, statt deiner zu mir zu kommen, will ich dir das Leben schenken", antwortete das Untier. „Ein weißes Pferd wird morgen vor deiner Tür stehen und deine Tochter holen. Wenn sie nicht kommt, werde ich dich töten."

Der Kaufmann machte, daß er fortkam, und ritt eilig nach Hause. Dort tat er fröhlich, und die zwei ältesten Töchter merkten nicht, daß ihr Vater Kummer hatte. Nur die jüngste Tochter fragte: „Du bist so anders als sonst, Vater. Was fehlt dir?"

Erst wollte er es nicht sagen, aber sie bat so lange, bis er alles erzählte. Da fingen die zwei älteren Schwestern zu jammern an, sie schalten die Jüngste und sagten: „Du mit deiner dummen Rose! Hättest du dir etwas anderes gewünscht, müßte der Vater nicht sterben!"

„Seid doch nicht so böse!" bat die Schöne. „Ich will tun, was das Tier verlangt und zu ihm gehen. Dann wird es unseren Vater in Ruhe lassen."

Nachts, als der Vater und die Schwestern schliefen, stand sie auf und ging heimlich aus dem Haus. Draußen stand schon das weiße Pferd und wartete auf sie. Die Schöne stieg auf, und das Pferd lief mit ihr durch die Nacht. Es lief, bis die Sterne erloschen und die Sonne aufging. Bald kamen sie in den Wald, und das Pferd trug die Schöne durch den Wald bis zu einem Schloß.

Vor dem Schloß blieb das weiße Pferd stehen. Die Schöne stieg ab. Sie ging die Treppe hinauf zu dem großen Tor. Das Tor öffnete sich von selber, und sie trat ein. Drinnen war kein lebendes Wesen zu sehen, und kein Laut war zu hören. Nur der Klang ihrer eigenen Schritte hallte durch die Säle. Die Schöne ging mit Herzklopfen von einem prächtigen Zimmer ins andere. Die Türen öffneten sich alle von selber, und so ging sie durch das ganze Schloß. Rund um das Schloß war ein Garten, auch dort war niemand.

Als es Abend wurde, flammten im Schloß ganz von selber die Kerzen auf, und in einem der Zimmer fand die Schöne einen Tisch gedeckt. Weil sie hungrig war, setzte sie sich an den Tisch. Im selben Augenblick hörte sie jemanden kommen, und das war das Tier. Die Schöne erschrak, denn sie dachte, das Ungeheuer würde sie nun fressen.

Das Tier ging auf die Schöne zu und sagte: „Darf ich mich neben dich setzen, wenn du ißt, Schöne?"

„Du bist hier der Herr", sagte die Schöne zitternd.

„Nein", antwortete das Tier, „hier gibt es nur eine Herrin, und die bist du. Wenn du mich lästig findest, mußt du es mir sagen."

Das Tier kam der Schönen nicht mehr so schrecklich vor, und sie aß und trank. Das Tier fragte: „Bin ich sehr häßlich, Schöne?"

Die Schöne sah das Tier an, und da mußte sie ja sagen, denn lügen wollte sie nicht. Da blickte das Tier sie so traurig an, daß sie rasch hinzusetzte: „Es ist wahr, daß du häßlich bist. Ich glaube aber, du bist ein gutes Tier."

„Schöne", sagte das Tier, „willst du meine Frau werden?"

Als sie das hörte, begann die Schöne zu zittern und sagte: „Nein, das ist unmöglich!"

Das arme Untier wollte seufzen, aber es wurde ein schreckliches Geheul daraus. Dann lief das Tier fort.

Von da an kam es oft und schaute der Schönen beim Essen zu. Es war immer freundlich, und die Schöne gewöhnte sich an das Tier und sah bald nicht mehr, wie häßlich es war. Und wenn es einmal länger ausblieb, wartete sie schon immer voll Ungeduld. Nur eines machte ihr Kummer. Sie hätte gern ihren Vater besucht.

Eines Abends bat die Schöne das Tier, ob sie nicht ihren Vater für eine Weile wiedersehen könnte.

„Ich kann dir keinen Wunsch abschlagen", antwortete das Tier. „Aber ich fürchte, du wirst nicht zurückkommen, und dann werde ich armes Tier vor Kummer sterben."

„Nein", rief die Schöne, „ich komme wieder! Ich bin dir herzlich gut. In einer Woche kehre ich zurück."

„Da hast du einen Ring", sagte das Tier. „Du brauchst ihn nur am Finger zu drehen, und schon bist du wieder hier!"

Am nächsten Morgen brachte das weiße Pferd die Schöne heim zu ihrem Vater. Als die Schöne erzählte, wie glücklich sie in dem Schloß war, wurden die beiden Schwestern eifersüchtig.

„Schwester", sagte die eine zu der anderen, „wir dürfen die Schöne nicht gleich wieder fortlassen. Ihr dummes Tier wird sie vielleicht wegjagen, wenn sie nicht pünktlich zurückkommt."

Als die Woche um war, taten die beiden Schwestern so verzweifelt, daß die Schöne versprach, noch ein paar Tage länger zu bleiben. Sie mußte aber immerzu an das Tier denken. In der zehnten Nacht sah sie es im Traum im Schloßgarten sterbend auf dem Rasen liegen. Da schrak die Schöne aus dem Schlaf und weinte.

Am Morgen ging die Schöne vors Haus und drehte den Ring am Finger. Da kam das weiße Pferd herangelaufen, sie sprang auf, und das Pferd trug sie durch den Wald zum Schloß. Die Schöne lief ins Schloß hinein, sie lief durch alle Säle und durch alle Zimmer. Überall suchte sie nach dem Tier, aber sie konnte es nicht finden. Da erinnerte sie sich ihres Traumes und lief in den Garten, und dort sah sie das Tier reglos im Gras liegen.

Es ist tot, dachte sie und fing an zu weinen. Sie kniete neben dem Tier nieder und küßte es auf sein häßliches Gesicht.

Und wie sie es küßte, öffnete das Tier die Augen. „Du bist zu spät gekommen", sagte es. "Aber ich sterbe zufrieden, weil ich dich noch einmal sehen kann."

"Du darfst nicht sterben!" rief die Schöne. "Du hast mich einmal gefragt, ob ich deine Frau werden will, und da habe ich nein gesagt. Als ich aber dachte, du wärst tot, da war mir, als wäre ich selber gestorben. Jetzt weiß ich, daß ich dich liebhabe!"

Da erzitterte die Erde. Das Tier verschwand und statt seiner lag ein Königssohn im Gras.

Er stand auf, nahm die Schöne in die Arme und sagte: "Eine böse Fee hat mich in ein häßliches Tier verwandelt, und das mußte ich bleiben, bis ein schönes Mädchen mich liebte, obwohl ich ein häßliches Tier war. Nun sollst du meine liebe Frau werden."

Das Sternmädchen

Ein Mann hatte viele Kühe. Morgens trieb er sie auf die Weide, und abends trieb er sie zurück in den Stall. Er molk seine Kühe und freute sich über die viele gute Milch. Einmal aber, als er am Morgen in den Stall kam, gab keine einzige Kuh auch nur einen Tropfen Milch. Auch am nächsten und am übernächsten Tag gaben die Kühe keine Milch.

Jemand muß sie heimlich melken, dachte der Mann.

An diesem Abend versteckte er sich neben der Stalltür und wartete. Es wurde dunkler und dunkler, die Sterne gingen auf und leuchteten immer heller. Auf einmal senkte sich eine Strickleiter aus feingewobenen Strahlen von den Sternen herab. Auf der Leiter stiegen Mädchen herunter, eines nach dem anderen. Die Sternmädchen gingen in den Stall und kicherten und sangen. Jedes setzte sich zu einer Kuh und molk sie ohne Eimer.

Als der Mann das sah, wurde er zornig. Er sprang auf die Sternmädchen los und wollte sie fangen und schlagen. Aber die Sternmädchen waren viel zu flink. Sie liefen zu der Leiter und kletterten zurück in den Himmel.

Ein einziges Mädchen war nicht flink genug. Der Mann packte es an den Haaren und ließ es nicht mehr los.

Das gefangene Sternmädchen war so schön, daß der Mann allen Zorn vergaß. „Willst du meine Frau werden?" bat er.

„Ja, ich will deine Frau werden", sagte das Mädchen. „Du mußt mir aber versprechen, daß du nie in mein Körbchen hineinschaust!"

„Ich bin nicht neugierig, was in deinem Körbchen ist", sagte der Mann, „und ich werde gewiß nie hineinschauen."

Da wurde sie seine Frau.

Monate vergingen, und der Mann vergaß, was er versprochen hatte. Das Körbchen hatte einen Deckel, der ganz fest saß.

Einmal, als seine Frau nicht daheim war, hob er den Deckel und schaute hinein: Der Korb war leer!

Bald darauf kam seine Frau und sagte traurig: „Du hast in das Körbchen geschaut!"

„Dummes Ding", antwortete der Mann. „Warum hätte ich nicht hineinschauen sollen? Es ist doch gar nichts drinnen."

Da sah die Frau ihn lange an, und dann ging sie fort.

Der Mann hat sie nie wieder gesehen.

Die Sternmädchenfrau war in den Himmel zurückgekehrt. In ihrem Körbchen hatte sie die schönsten Dinge, die es im Himmel gibt, für sich und ihren Mann aufgehoben. Er aber hatte die schönsten Dinge nicht sehen können.

Für manche Leute sind die schönsten Dinge unsichtbar. Bei einem solchen Menschen aber kann ein Sternmädchen nicht bleiben.

Jorinde und Joringel

Es war einmal ein altes Schloß mitten in einem großen Wald, darinnen wohnte eine alte Frau, die war eine Zauberin. Am Tage verwandelte sie sich in eine Katze oder in eine Eule, am Abend aber wurde sie wieder ein Mensch. Wenn jemand auf hundert Schritte dem Schloß nahe kam, mußte er stillstehen und konnte sich nicht bewegen, bis sie ihn lossprach. Wenn ein Mädchen in ihren Zauberkreis geriet, verwandelte sie es in einen Vogel. Den Vogel sperrte sie in einen Korb, und den Korb trug sie ins Schloß. Sie hatte schon siebentausend solcher Körbe mit verzauberten Vögeln.

Nun waren einmal ein Mädchen, das hieß Jorinde, und ein Bursch, der hieß Joringel, die hatten einander lieb und wollten immerzu beisammen sein. Einmal gingen sie im Wald spazieren. „Hüte dich", sagte Joringel, „daß du nicht zu nahe ans Schloß kommst!" Es war ein schöner Abend. Die Sonne schien zwischen den Stämmen der Bäume hell ins dunkle Grün des Waldes, und eine Turteltaube sang auf den alten Maibuchen.

Jorinde mußte weinen und wußte nicht warum. Sie setzte sich ins Moos und weinte. Da fing auch Joringel zu weinen an. Sie waren so traurig, als wenn sie hätten sterben sollen, sie sahen sich um und wußten den Weg nach Hause nicht mehr. Halb stand die Sonne noch über dem Berg und halb war sie schon untergegangen. Joringel sah durchs Gebüsch und sah die alte Mauer des Schlosses ganz nah. Da erschrak er. Jorinde sang:

„Mein Vöglein mit dem Ringlein rot
singt Leide, Leide, Leide.
Es singt dem Täublein seinen Tod,
singt Leide, Lei – ziküth, ziküth, ziküth."

Joringel sah nach Jorinde. Jorinde war in eine Nachtigall verwandelt, die sang „ziküth, ziküth". Eine Eule mit glühenden Augen flog dreimal um sie herum und schrie dreimal „schu, hu, hu, hu."

Joringel konnte sich nicht regen. Er stand da wie ein Stein, konnte nicht weinen, nicht reden, nicht Hand noch Fuß bewegen. Nun war die Sonne untergegangen. Die Eule flog in einen Strauch, und gleich darauf kam die alte Zauberin aus dem Strauch hervor. Sie fing die Nachtigall ein und trug sie fort. Joringel konnte nichts sagen, nicht von der Stelle kommen!

Endlich kam die Alte wieder und murmelte vor sich hin. Da konnte Joringel wieder reden und sich bewegen. Er kniete vor der Zauberin nieder und bat: „Gib mir meine Jorinde wieder!"

„Du wirst sie nie wieder haben!" antwortete die Zauberin und ging ins Schloß.

Joringel rief, er weinte, er jammerte, aber alles war vergeblich. Da ging er fort und kam endlich in ein fremdes Dorf. Dort hütete er lange Zeit die Schafe. Einmal träumte er nachts, er fände eine blutrote Blume mit einer schönen großen Perle in der Mitte. Er brach die Blume ab und ging zum Schloß. Alles, was er mit der Blume berührte, wurde von der Zauberin frei. Er träumte auch, er hätte seine Jorinde dadurch wiederbekommen.

Als er am Morgen erwachte, wanderte er fort und suchte überall nach der blutroten Blume. Er suchte viele Tage, und am neunten Tag, da fand er sie. In ihrer Mitte war ein großer Tautropfen, so groß wie die schönste Perle. Diese Blume trug er Tag und Nacht bis zum Schloß. Als er auf hundert Schritte nahe kam, wurde er nicht festgezaubert, sondern konnte bis ans Tor gehen. Joringel freute sich sehr, er berührte das Tor mit der Blume, und es sprang auf. Er ging hinein, durch den Hof, horchte und hörte die Vögel zwitschern. Da ging er dem Gezwitscher nach und kam in einen Saal. Dort war die alte Zauberin und fütterte die Vögel in den siebentausend Körben.

Als sie Joringel sah, wurde sie sehr bös, spie Gift und Galle, aber sie konnte nicht näher als zwei Schritte an ihn herankommen. Er kümmerte sich nicht um sie und ging zu den Körben mit den Vögeln. Da waren aber viele hundert Nachtigallen, wie sollte er nun seine Jorinde herausfinden? Plötzlich merkte Joringel, daß die Alte heimlich ein Körbchen mit einem Vogel wegnahm und damit zur Tür ging. Schnell sprang er hin und berührte das Körbchen mit der Blume und auch das alte Weib. Nun konnte sie nicht mehr zaubern, und Jorinde stand da, umarmte Joringel und war so schön wie zuvor. Da machte er auch alle die anderen Vögel wieder zu Mädchen und ging mit seiner Jorinde nach Hause, und sie lebten lange vergnügt zusammen.

Der kleine König mit den Eselsohren

Es war einmal ein König, der war noch ein Kind. Er trug eine Krone und einen roten Königsmantel und herrschte über das ganze Land.

Eines Tages, als er gerade frei hatte und nicht regieren mußte, ging er auf den Dachboden hinauf.

Auf dem Dachboden stand eine große Kiste.

Der König hob den schweren Kistendeckel hoch und schaute in die Kiste hinein. In der Kiste waren viele Dinge, die dem König gefielen: er sah Glaskugeln und Edelsteine, ein geschnitztes Steckenpferd, Gürtel aus Leder und Eisen, eine Krone aus Goldpapier, einen kleinen scheckigen Jagdhund aus Stoff, zwei große graue Ohren und einen winzigen Spiegel mit Goldrahmen.

Die Ohren gefielen dem König am allerbesten. Sie waren aus echtem Eselsfell und innen rosa gefüttert.

Der kleine König stellte den Spiegel auf einen Dachbalken und hielt die beiden grauen Eselsohren an seinen Kopf. Im Spiegel sah er, wie die zwei Ohren wackelten, und er mußte lachen. Wenn ich nur auch solche Ohren hätte, dachte er. Mit meinen eigenen Ohren kann ich nicht so gut wackeln!

Kaum hatte er das gedacht, da wuchsen die großen grauen Ohren an seinem Kopf fest, und seine eigenen Ohren verkrochen sich darunter.

Der König erschrak ein wenig. Er hörte die Schloßglocke läuten und dachte: Die Nachmittags-Regierungsstunde fängt gleich an! Ich muß zurück in den Thronsaal!

Er wollte die Eselsohren vom Kopf reißen, aber sie waren festgewachsen, so fest, daß es wehtat, als er daran riß. Er hörte, wie der Haushofmeister und alle Diener nach ihm riefen: „Majestät!

Die Nachmittags-Regierungsstunde hat angefangen! Wo stecken Sie denn, Majestät! Sie dürfen doch nicht zu spät kommen!"

Nein, dachte der König. Zu spät kommen darf ich nicht. Er strich sein Haar über die Eselsohren, und als das nicht half, stopfte er die Ohren unter die Krone. Und da sah man sie nicht mehr. Dann lief er hinunter in den Thronsaal und regierte und vergaß die Eselsohren auf seinem Kopf.

Als er aber zu Bett ging und die Krone vom Kopf nahm, sprangen die Eselsohren in die Höhe und wackelten vor Freude, weil sie nicht mehr eingezwängt waren. Zu allem Unglück klopfte es eben an die Tür; es war der Diener, der dem kleinen König die Nachtlimonade bringen wollte.

Der kleine König sprang in sein Bett, zog die Decke über den Kopf und schrie: „Ich schlafe schon! Ruhe!"

Der Diener ging leise wieder fort. Der König aber dachte: Wie wird das werden, wenn ich die Ohren nicht mehr loskriege?

Er schlief die ganze Nacht sehr schlecht und hatte lauter schlimme Träume. Er träumte, wie das ganze Land ihn auslachte und alles schrie: „Der König hat Eselsohren!"

Da kränkte der kleine König sich im Traum so sehr, daß er seinen Polster naß weinte.

Als er aufwachte, weinte er nicht mehr. Richtig böse war er geworden. Mich wird niemand auslachen! dachte er grimmig. Und noch bevor er das Nachthemd auszog, stülpte er die Krone auf den Kopf, stopfte die Eselsohren darunter und wartete, wie der Tag anfangen würde.

Der Tag fing nicht gut an. Wie soll ein Tag gut anfangen, wenn man so böse ist!

Außerdem zwickten den König die Ohren unter der Krone, und da wurde er noch viel böser.

Das ganze Land bekam Angst vor ihm. Und der König konnte an nichts anderes mehr denken als an seine Eselsohren. Wenn nur niemand meine Ohren sieht! dachte er. Wenn nur niemand meine Ohren sieht!

Eines Tages sagte der Haushofmeister: „Majestät, Sie müssen sich das Haar schneiden lassen. Heute ist Haarschneidetag!"

Der König erschrak. Haareschneiden hatte er nie leiden können. Aber jetzt? Wenn der Haarschneider kam, mußte der König die Krone abnehmen. Und der Haarschneider würde die Ohren sehen und es allen Leuten erzählen.

„Ich will nicht Haarschneiden!" sagte der König.

„Das geht nicht, Majestät", antwortete der Haushofmeister. „Was sollen denn die Leute denken!"

Vielleicht hat er recht, dachte der König. Wenn ich mir das Haar nicht schneiden lasse, kommen die Leute vielleicht auf den Gedanken, daß ich die Krone nicht herunternehmen will, weil ich Eselsohren habe.

Und er ließ den Haarschneider kommen.

Als der Haarschneider da war, sperrte der König die Tür ab, damit niemand hereinkommen konnte. Dann sprach er:

„Hör zu, Haarschneider! Du wirst etwas Sonderbares an meinem Kopf sehen. Aber du darfst keiner Menschenseele erzählen, was du gesehen hast. Sonst laß ich dir den Kopf abschlagen und dich nachher im Fluß ertränken. So, und jetzt schneid mir das Haar!"

Und damit nahm der König die Krone ab.

Der Haarschneider erschrak furchtbar, als er die Eselsohren sah, aber er tat keinen Mucks. Er schnippelte das Haar des Königs, wie es sich gehörte, verneigte sich und ging.

Jedesmal, wenn der Haarschneider dem König das Haar schnitt, verbot ihm der König bei Todesstrafe, auch nur einer Menschenseele zu erzählen, was er Sonderbares auf dem Kopf des Königs gesehen hatte. Und der Haarschneider versprach es und verriet das Geheimnis nicht.

Aber es war ein schreckliches Geheimnis und drückte ihn sehr. Eines Tages hielt er es nicht mehr aus. Und weil er es keiner Menschenseele erzählen durfte, bei Todesstrafe nicht, lief er auf die Weide hinaus zum Brunnen. Er beugte sich über den Brunnenrand und schrie in den Brunnen hinunter: „Der König hat Eselsohren!" Und dann war ihm leichter.

Nach einiger Zeit trocknete der Brunnen aus, und Binsen und Schilf begannen darin zu wachsen. Eines Tages kam ein Hirte an den Brunnen, schnitt ein Schilfrohr ab und schnitzte sich eine Flöte daraus. Als er darauf spielte, sang die Flöte:

„Der König hat Eselsohren!"

Die Flöte sang so laut, daß man es bis zum Schloß hörte:

„Der König hat Eselsohren! Der König hat Eselsohren!"

Auch der König hörte es. Er ließ sofort den Haarschneider rufen und fragte: „Wem hast du mein Geheimnis verraten?"

„Niemandem!" antwortete der Haarschneider. „Keinem einzigen Menschen! Aber einmal konnte ich es nicht mehr aushalten, und da habe ich es dem Brunnen erzählt. Das hast du mir nicht verboten. Der Brunnen ist bald darauf vertrocknet, und jetzt wächst Schilf darin."

Der König dachte nach und ließ den Hirten mit der Rohrflöte kommen. „Wo hast du deine Rohrflöte abgeschnitten?" fragte er.

„Im Brunnen auf der Weide", sagte der Hirt.

Wieder dachte der König nach, und dann sagte er: „Da hat einer die Wahrheit in den Brunnen gerufen, und die Worte haben Wurzeln geschlagen, und Schilf ist daraus hervorgewachsen. Dann ist ein Hirt gekommen und hat eine Flöte aus einem Rohr geschnitzt, und die Flöte hat gesagt, was wahr ist. Und wenn ich jetzt die Flöte zerbrechen wollte, und wenn ich den Brunnen zuschütten ließe – es bleibt doch wahr, daß ich Eselsohren habe."

Er nahm die Krone vom Kopf und zeigte den Leuten seine Eselsohren. Aber die Eselsohren waren nicht mehr da.

„Majestät machen Spaß", sagte der Haushofmeister.

„Nein!" schrie der König. „Das war kein Spaß! Ich habe Eselsohren. Und ich wollte sogar den armen Haarschneider köpfen und ersäufen lassen, wenn er ein Wort davon verrät!"

„Majestät haben geträumt!" sagte der Haushofmeister.

„Her mit der Flöte!" schrie der König. „Die Flöte weiß, wie es wirklich war! Blas, Hirt! Blas deine Flöte!"

Der Hirt blies in die Flöte, und die Flöte sang:

> „Die Eselsohren sind in der Kiste!
> Was wirklich war – ja, wenn man das wüßte!"

Der goldene Schlüssel

Einmal zur Winterszeit, als tiefer Schnee lag, mußte ein Junge in den Wald gehen und Holz holen. Es war sehr kalt. Der Junge suchte Holz zusammen und lud es auf seinen Schlitten. Es war ihm so kalt, daß er sich wärmen wollte, bevor er den Schlitten nach Hause zog. Der Junge scharrte den Schnee weg, um an einem schneefreien Plätzchen ein Feuer anzuzünden. Aber als er den Schnee fortträumte, fand er einen winzigen goldenen Schlüssel. Wo ein Schlüssel ist, muß auch ein Schloß dazu sein, dachte der

Junge und suchte weiter. Da fand er ein eisernes Kästchen. Wenn nur der Schlüssel paßt! dachte der Junge. Vielleicht sind wunderbare Dinge in dem Kästchen!

Als der Junge aber das Schlüsselloch suchte, war keines da. Endlich fand er doch eins, aber es war so kleinwinzig, daß er es fast übersehen hätte. Er probierte das goldene Schlüsselchen, und es paßte in das winzige Schloß. Da drehte der Junge den Schlüssel einmal herum – – –

Und nun müssen wir warten, bis er den Schlüssel noch einmal herumgedreht und den Deckel aufgemacht hat. Dann werden wir wissen, was für wunderbare Dinge in dem Kästchen liegen!